坂本政道

明るい死後世界

従来の「あの世」観は間違っていた！

明るい死後世界――従来の「あの世」観は間違っていた！

〈目次〉

はじめに

私が本書を著したのは、死後に対してもっと明るいイメージを持っていいのではないかと思うからだ。

それには二つの理由がある。

ひとつは、死後世界はこれまで各種の宗教が説いてきた描像や、一般の人たちが死後に対して漠然と持っているイメージとは、いろいろな面でかなり異なっていることがわかってきたことがある。

従来は暗く、苦しいというイメージが強調されすぎていた。死後世界にはさまざまなところがある。もっと明るい、光あふれる世界もあるし、そこに行く手立てがある。本書の前半でこれについてお話ししたい。

もうひとつは、今、死後世界が大きく変わりつつあるということ。今後、50年、100年後には、死後世界は今とはまったく異なる、光あふれる世界になる。そのために、今、死後世界に光が注ぎ込み、闇に光が差し始めているのである。その結果、光あふれる世界へ行きやすくなってきている。本書の後半で、これについてお話ししたい。

こういった二つの理由で、死後は従来考えられてきたよりも、はるかに「明るい」のだ。

これまでの暗い、苦しいという負のイメージをそろそろ手放す時期に来たのではないだろうか。そういう負のイメージを持つことの弊害のほうが大きいのである。

なお、本書でお話しすることは、米国モンロー研究所で開発されたヘミシンクという音響技術を用いて変性意識に入り死後世界を体験した数多くの人たちの事例を元にしている。

２０１４年11月
坂本政道

第Ⅰ部

死後世界はこうだ

第1章　明らかになってきた死後の様子

人は死後どうなるのだろうか。

肉体が滅ぶと自分自身も存在しなくなるのだろうか。それとも、存在しつづけ、いわゆる死後世界へと行くのだろうか。

それなら死後世界とはどのようなところなのだろうか。

人類は過去何千年にもわたってこういった問いについて答えを得ようと模索してきた。

答えは宗教が与えてくれるはずだった。おそらくそれぞれの宗教の開祖は何らかの形で答えを得たのかもしれない。しかし、それが文字として記録され、何代にもわたって伝承されてくる過程で、本来の姿からは大きく逸脱してしまった可能性がある。

そのため現代の多くの人たちは、宗教から離れた形での答えを強く求めているのだ。

ところが、そういった答えを提供することはなかなか難しい。現代人を満足させるだけの、ある意味科学的な、あるいは論理的に整合性のとれた形での答えを提供する手段がないのだ。

ない、とみな思っている。

ところが、ここにヘミシンクという音響技術が登場した。ヘミシンクは米国モンロー研究所で開発された技術で、それを聴くことで変性意識という深い意識に入ることができ、死後世界を探索することが可能になる。そうモンロー研究所は主張する。

それを科学的に証明することは現段階ではまだ難しい。

ただヘミシンクを聴いて、これまでに5000人を越える人が死後世界を訪れ、何らかの形で確信を得ている。

その結果、死後世界の様子が詳細にわたり明らかになってきている。いわゆる死後世界の様子がわかってきたのだ。

本書はモンロー研究所で明らかにされてきた死後世界の情報を元に書かれている。後でお話しするが、自分で体験することでしか本書の内容の真偽は判断しようがないので、むやみに信じる必要はない。

ただ、情報として頭の片隅にでも入れておかれると、実際に自分が死ぬ段になって大いに役立つ可能性がある。わらにもすがる気持ちになったら思い出してほしい。

明らかにされてきた死後世界は、これまで各種の宗教が説いてきた描像や、一般の人たちが死後に対して漠然と持っているイメージとはかなり異なっている。

これまで死後世界と言えば、暗いところ、怖いところ、罰せられるところ、あるいは地獄だ、苦しみの世界だと、負のイメージが強かった。が、実は、これは過度に強調されたイメージだということが明らかになってきたのだ。

確かにそういう世界はあるのだが、すべての人がそこに行くわけではない。それ以外にもさまざまな世界がある。光あふれる世界もあり、ごく普通の人も罪人も光あふれる世界に行くのである。そこは素晴らしい世界で、優しさと癒しに満ちあふれる世界である。

このように死後世界はバラエティに富んでいる。それなのに、暗い世界だけを強調するのは片手落ちで、正しくない。

これはちょうど海外の都市を紹介するのに、その中の犯罪多発地区のみを取り上げるようなものだ。

実際にはさまざまなエリアがある。商店街やビジネス街、高級ブティックの立ち並ぶエリアやファッションの最先端を行くようなところも住宅街もある。もちろん中には良からぬ輩が多くいて、犯罪や事件が頻発するところもあるだろう。

こういう中で、犯罪の多いところだけを取り上げて、そこだけを宣伝すると、その都市全体があたかも犯罪の町であるかのような印象を与えてしまう。

今、死後世界について行なわれているのは、まさにこれである。暗い部分のみを強調しているのだ。

これまで負のイメージが強かったのには、いくつかの理由が考えられる。

一つは宗教によるプロパガンダ（宣伝）だ。

人が犯すありとあらゆる罪状を並べ立て、「あなたはこれだけの罪を犯しているのだから、死後は地獄に行くしかないですね」とする。

人は誰でも生きていく過程でさまざまなことをする。人を恨んだり、憎んだりして、心の中で殺したりする。そういうことを取り上げて、だからあなたは地獄しか行くところはありませんと断罪するのだ。

そして、地獄行きを避ける唯一の方法は、我々の宗教の神とか仏を信じるしかないとするのだ。既存の宗教を見ると、仏教にしてもキリスト教にしても、これに類することをやっているところが多いように思う。

こういったことが過去千年、二千年もの間、繰り返し行なわれてきたので、何もわからない一般大衆はそう信じ込んでしまった。死後は地獄だと。

負のイメージが強かった理由の二つ目の可能性は、人が死んだらどうなるのか皆目わからないということが恐怖心をあおるという事実である。

人は未知のものに対して恐れを抱きがちだ。たとえば初めての職場に出勤する日は期待もあるが、不安も大きい。初めての土地に移住する際も同様だろう。こういう例では先のことがある程度予想がつくので、不安感もそれほど大きくないが、死というまったくもって見当のつかないことに対して、人は絶対的な恐怖を感ぜずにおれない。

そのために、死後世界に対して負のイメージを持つようになったとも考えられる。

いずれの理由にせよ、多くの人が死後に対して負のイメージを持つということは、好ましくない現実を作り出している。

それは、そういうイメージを持っていると、死後にそういう世界へ引き寄せられるか、あるいはそういう世界を具現化する可能性があるということだ。

だから、死後世界の全貌について正しく理解することがとても大切である。

死後世界はけっして暗い苦しい世界だけではない。他にもさまざまな世界があるし、中には光あふれる素晴らしい世界もある。そこに行くことは誰にでもできるのだ。罪を犯した人でも自殺した人でも行ける。そういう事実をもっと多くの人が知るべきだと思う。

私が本書を著した主な理由はそれだ。

実際にあった例をひとつ紹介することで、私が本書で言わんとしていることをよりわかりやすい形で示したいと思う。

A子さんは精神的な病の末に自殺した。

すると、前年に亡くなった祖母が迎えに来た。A子さんは生前、祖母が大好きだった。

A子さんは「おばあさーん！」と言って祖母に抱きついた。

二人は連れ添って、その場を離れていった。しばらくして、光あふれる世界へ着いた。

そこではまず、彼女の精神的な病の元になっていた、生育過程で母親から受けたさまざまな精神的な傷を癒すことが行なわれた。

また、愛情不足で育ったことを補うために、赤ちゃんに戻って、愛情豊かな両親（あの世のヘルパーが演じている）のもと、初めから体験をやり直すということも行なわれた。

その癒しの末、A子さんのすべての傷は癒え、彼女はより大きな自分の中へ戻ることができた。ここで、大きな自分とはトータルセルフと呼ばれるものと同じである。

この例はいくつもの点で私が本書でお伝えしたい事柄を端的に示している。それを列挙すると、

・人は肉体が死んでも生きている。
・死んだら必ずお迎えが来る。
・それに気づいて、いっしょに行けば、光あふれる世界へ行くことができる。
・自殺者だからと言って、罰せられることはない。
・光あふれる世界では、生前に受けた傷が癒される。
・その後、大きな自分へ戻ることもできる。

ただ、こう聞いて誤解してほしくないのだが、現状で死んだ人のすべてが光あふれる世界へ行ってるわけではない。

たとえば、自殺者の場合、元々自分の思いの中に埋没して苦しんでいる人が多いが、死後もそのままの状態にいる人も多数見かける。つまり、死は何も解決しない場合も多い。


それでは、死後に光あふれる明るい世界に行くにはどうすればいいのだろうか。

それには、まず死後世界の構造を正しく知ることがとても大切だ。知識を持っているだけで大きな違いが出てくる。そこではどういう原理が働くのかということを知ることも大切だ。

次に、さまざまな世界がある中で、どの世界に行くかを何が決めているのかということをしっかり知っておくこと。

また、死に際に必ずお迎えがやってくるということを知っておくことも重要だ。

生きている間に実際に死後世界を体験しておくことも役立つ。ヘミシンクを聴くことでそれは可能なのだ。

以下、順にお話ししていきたい。

第2章　死後世界をどうやって調べるのか

死後世界の様子がわかってきたと冒頭で言ったが、まず、死後世界を調べるにはどういう手段があるのかお話ししたい。

それには死後世界へ実際に行って見てくるというのが最も直接的な方法だろう。実際、これまでに多くの人が死後世界やその入り口近くまで行き、生還し、体験してきた内容を報告している。

それらは臨死体験、体外離脱体験、ヘミシンク体験に分けることができる。

以下、順に見ていきたい。

臨死体験

肉体的な死に臨んだ人が、その後、蘇生し、臨死中に体験した事柄を後で報告するということは、洋の東西を問わず古来からあった。それを臨死体験と呼ぶ。

その内容は民間伝承となって後世に伝わった場合もあるようだ。

「死んで三途の川のたもとにあるお花畑に来たら、川の向こう岸に亡くなった祖母が現れ、帰れ！と大声でどなられたので、帰ってきた」というような話は日本でもよく耳にする。

古代ギリシャのプラトンはエルという兵士の臨死体験について『国家』の第10巻『エルの物語』の中で述べている。

こういう話は昔からあったのだが、ただ、だれも臨死体験について真面目に学術的に調査しようとは思わなかった。

そんな中、医師で心理学者のレイモンド・ムーディの「Life After Life（『かいまみた死後の世界』（評論社）が１９７５年に出版され世界的なベストセラーになったことで、臨死体験は世間一般からも学術的にもがぜん注目を集めるようになった。

ムーディは心停止など臨床的に死に臨みながら生還した１５０人を調査し、死に瀕した時の状況や体験した人々の背景が多種多様であるにもかかわらず、体験内容に驚くほどの共通点があること、共通する要素は10個ほどあることを見出した。

この研究が発端になり、その後、マイケル・セイボム、ケネス・リングなど多くの研究者によってより詳細な、より統計的に厳密な調査・研究がなされてきている。

その結果として、ムーディの指摘したように体験内容に共通要素があることが確認されている。共通要素の選び方には研究者によって若干の差があるが、おおむね次のようになる。

1. 死の宣告が聞こえる
2. 心の安らぎと静けさ
3. 耳障りな音
4. 暗いトンネル
5. 物理的肉体を離れる（体外離脱）。
6. 既に死んだ肉親や友人と会う。
7. 「光の存在」と出会う（完璧な愛に包まれる）。キリスト教徒はこれをキリストと見、ユダヤ教徒は天使と見、無宗教の人は単に光の存在と見る。

8. 人生回顧。自分の一生を『光の存在』がパノラマのように写し出して見せてくれる。これは責める為ではなく、自己の成長の為である。

9. 境界あるいは限界に近づく（現世と来世の境）。

10. 蘇生する。

ここに挙げたすべての要素を一度に体験した人は少数である。どれだけ体験するかは、臨死体験の深さ（心肺停止状態に何分いたか等）で変わるようだ。実際のところ、死をどう定義するかは研究者や医師によりかなり異なる。ひと言で臨死体験と言っても、肉体の置かれた状態には幅があるようだ。そのため、体験内容にも幅が出てくるのは仕方がないことのようだ。

ここで、ムーディの体験例には安らかな体験しか出てこないが、不快な体験もあるということを指摘する研究もある。その場合の体験要素は、ここに挙げたものとはまったく違ったものになる。

体験内容に文化的、宗教的な背景の差が現れるという指摘もある。たとえば、立花隆氏によれば、米国では光を見る率が高く、しかも光を神あるいはキリストなどと把握するが、日本では光を体験する率が低い上に、それを神的なものと言う人は皆無だった。インドでは光の存在との出会いそのものがまったくない。その代わりにヤムラージ（えんま大王）に会うとのこと。日本では1991年にNHKスペシャルで「立花隆リポート臨死体験〜人は死ぬ時　何を見るのか〜」が放送され、さらに、『臨死体験（上下）』が1994年に出版されて、広く知られるようになった。

立花隆氏は同書の中で、臨死体験は脳内現象（つまり想像）なのか、現実体験なのかについてとことん議論する。その結論はと言うと、どちらとも結論が出せないということだった。

彼は今年（2014年）、NHKスペシャル「臨死体験　立花隆　思索ドキュメント　死ぬとき心はどうなるのか」で再びこのテーマを取り上げている。今回は脳内現象という結論になっていた。

私は現実体験の立場をとる。

ただし、私はほとんどの臨死体験は死後世界の入り口付近を見てきた体験だと考えている。後でお話しする体外離脱やヘミシンク体験で得られた情報と比較することで、そう言うことができる。これについては死後世界の構造についてお話しする第3章の最後でまた取り上げたい。

従って、臨死体験では死後世界の全貌を知ることはできないと思っている。この方法にはあまり長い時間向こう側へ行っていると本当に死んでしまうという限界がある。

また臨死体験は個人が何度も体験するものではないし、まして意図的にするものでもない。そのため、研究手段としては使いづらいという面がある。

体外離脱体験

臨死体験は本当の意味で死んだ人の体験ではない。蘇生して帰ってきた人の体験である。その入り口付近を見てきた可能性が高い。

それでは死後世界を隈なく見てくることはできないのだろうか。

体外離脱が自在にできる人は、それは可能だと言う。

体外離脱とは、自分が肉体から離れた位置にいることを自覚する体験である。

肉体から抜け出すというステップを踏む場合と、そうではなく気がつくと肉体から離れた位置にいることに気がつく場合とがある。一度肉体から離れると、肉体のことは一切感じられなくなる。

肉体から抜け出す前に、全身に波のようなうねりや振動を感じる場合がある。これは肉体ではなく、非物質の体が肉体から自由になり始めるために起こる現象である。これを振動状態と呼ぶ。

それと同時に轟音が聞こえる場合がある。

振動状態は、肉体から抜け出るステップを踏むタイプの体外離脱が起こる場合の必要条件と考えられる。ただ、そういうステップを踏まずに、肉体から離れた位置にいる自分に気づくタイプもある。その場合には振動状態は必ずしも必須条件ではないようだ。

ロバート・モンローの『魂の体外旅行』（日本教文社）によれば、体外離脱には2段階ある。

1段階目では、肉体から彼が「第2の体」と呼んだ非物質の体が抜け出る。その体は肉体とほぼ同じ形をしているが、肉体ではなく非物質から成る。この状態では肉体から4、5メートルしか離れた位置に行けない。

次の2段階目では、この「第2の体」からさらにエネルギー・エッセンスとでも呼ぶものが抜け出る。この状態になると自在にどこへでも行くことができる。

体外離脱した状態では物質世界内を空間を超えて遠くへ行くことができるし、時間を超えて過去や未来へも行くことができる。つまり時空を超えることが可能だ。

ただ、ここまではあくまでも物質世界内の話だ。物質世界内を非物質状態で見て回るわけである。

体外離脱状態ではさらに物質世界から出て非物質世界へも行くことができる。つまり、死後世界を訪れることが可能になる。

人生の中で1度や2度程度なら体外離脱を体験したことのある人はけっこう

いるようだ。金縛りに合い、気がついたら天井のすぐそばに自分がいた、というような体験である。

ただ、それが数十回体験した人となると極端に少なくなる。意図的にできるとなると、さらに少ない。そういう中で死後世界まで探索の範囲を広げられる人はさらに少数だ。相当の能力者が必要である。

体外離脱した状態で死後世界を探索するのが難しいのは、意識を保つのが難しく眠りのほうへ入ってしまうからだ。

私の場合は、体外離脱して物質世界を探索しているときは、意識が明晰で通常の覚醒時と何ら変わらないように感じる。左脳的な判断や計算も普通にできる。

ところが、非物質世界に入っていくと、左脳的な機能が次第に低下していき、いつの間にか夢を見ている状態になっていることが多い。そのため、意識をしっかり保ったまま死後世界に入るのが困難を極めるのである。

それができるようになるには、回数を重ねる必要があるようだ。この辺の話は拙著『体外離脱体験』（幻冬舎文庫、または、たま出版）に書いたので、お読みいただければと思う。

死後世界についての情報はこういうことができる少数の能力者によってもたらされてきている。スウェーデンボルグ（1688〜1772年）はそういったひとりだろう。彼の著した『霊界日記』（たま出版）には彼の見た世界が記されている。

より近年で言えば、米国人のロバート・モンロー（1915〜1995）は卓越した能力者のひとりと言える。

彼は自身の体験の詳細を『ロバート・モンロー「体外への旅」』（ハート出版）、『魂の体外旅行』、『究極の旅』（以上、日本教文社）の3冊に著している。

これらを読むことで、死後世界やそれを超えるさまざまな世界での彼の体験を知ることができる。また、死後世界は実はいくつもの世界に分かれていることや、それぞれがどういうところなのかがわかる。

モンローは『究極の旅』の最後のほうでフォーカス・レベルという番号を用いて死後世界を体系的に記述している。

フォーカス・レベルとは、さまざまな意識状態を区別するためにモンローの導入した指標である。覚醒した状態をフォーカス1とし、覚醒から離れる程、番号は大きくなる。

この指標を用いると、死後世界はフォーカス23から27である。これらのフォーカス・レベルについては『究極の旅』の最後に簡単な説明がある。

より詳細については、残念ながら本としては発表されていない。モンローの創設したモンロー研究所で開催される死後世界についてのプログラムに参加すれば、聞くことが可能だ。

あるいは、モンロー研究所でのプログラムに参加した人たちの著作に載っている。たとえば、ブルース・モーエンの『死後探索』シリーズ（ハート出版）には各レベルについて詳しく説明されている。

あるいは拙著『死後体験』シリーズや『あの世はある！』（ハート出版）などをご覧いただければと思う。

もちろん本書はモンロー研究所の情報を基に書かれているので、これを読めば概要はつかめるはずである。ただし本書は一般の読者向けに書かれているので、フォーカス・レベルという言葉は使っていない。

ヘミシンク体験

ロバート・モンローは体外離脱体験を通して死後世界を知るなど、多くのことを学んだ。その内容を書き出すと、こうなるだろう。

①人は肉体を超える存在である。
②人は死後も生き続ける。
③人は今の人生以外にも多くの生を経験してきている。それは人間だけに留まらない。
④地球に来る前にも他の生命系で生命体験を重ねてきた。
⑤人間以外にも知的な地球外生命体が多数いる。物質的なものもいれば、非物質のものもいる。
⑥今、多くの地球外生命体が地球を見守っていて、今まさに起こりつつある地球と人類の一大変化を観察している。
⑦自分はずっと大きな存在から分かれて一つの意識として存在し始めた。他

にも多くの意識がこの大きな存在から分かれ出て、さまざまな生命系で体験を重ねている。このすべての意識たちはいずれこの大きな存在に帰還し、体験を持ち帰る。その段階で、この大きな存在は源に帰還して、新たな探索と創造へと出発する。

モンローは体験を通してこういうことを学んだ結果、彼の価値観、宇宙観は大きな変貌を遂げた。

彼は他の人にも同様な変化を体験してほしかったが、本を読んでもらうだけでは人の価値観を変えることは難しかった。人は自ら体験することによってのみ価値観を変えることができるのである。

そこでモンローは、他の人がモンローと同じような体験をできないか、それを可能とする方法を模索するようになる。

その過程でわかってきたのは、まず体外離脱に代表されるような特異な現象は、眠りと覚醒のちょうど中間のあたりで起こりやすいということ、脳波で言うと、だいたい4ヘルツ前後（シータ波とデルタ波の間ぐらい）だということである。

それではいかにして脳波をその状態へ持って行き、さらにそれを維持するか、試行錯誤を重ねることになる。その結果、生まれたのがヘミシンクという音響技術である。

基本原理は右の耳と左の耳に周波数が若干違う音を聴かせると、左右の周波数の差に相当する信号が脳の脳幹という部位で生まれ、それが脳全体に伝わって脳波になるというものだ。

たとえば、左の耳に100ヘルツの音、右の耳の104ヘルツの音を同時に聴かせると、差の4ヘルツに相当する脳波が誘導される。

実際のヘミシンクでは、こういった左右の音のペアを7組ほど組み合わせている。中には目が覚めるようなベータ波に相当する音のペアも含まれていて、肉体的には深くリラックスするが、意識は目覚めているという状態を作り出している。

また、ピンクノイズという雑音も入っていて、深いリラクゼーションに入れるようにしている。

ヘミシンクはステレオヘッドフォンで聴く。ザーという雑音がメインで、ワウワウワウという唸り音がかすかに聞こえることもある。ザーというノイズがピンクノイズで、ワウワウワウという唸り音がヘミシンク音である。

ヘミシンクはこのように脳波を特定の状態へ誘導するが、強制的にそうするのではない。ちょうどバックグランド・ミュージック（ＢＧＭ）のようなものだ。

たとえば、軽快なロックが流れてくれば、リズムに合わせて体を動かすこともできる。ただ、それがいやなら動かさなくてもいい。それとまったく同じである。自分の意図が重要で、意図に反してまで脳波を導くことはしない。

ヘミシンクの安全性についてはモンロー研での過去50年近くに及ぶ研究で実証されている。

ヘミシンクを聴いてする体験は、体外離脱と同じ場合もある。つまり、「自分が肉体から離れた位置にいることを自覚し、さらに肉体のことは一切感じられないという状態」である。

そういう体験がある一方、「肉体から離れた位置にいる視点から外界が知覚されるが、同時に肉体の感覚もあるという状態」もある。これは通常の体外離脱ではありえない状態だ。

肉体が非常にはっきり感じられる場合から、少し感じられる場合、まったく感じられない場合というふうに、幅がある。

これは、ヘミシンク体験では、意識の一部が肉体から出ている場合から、ほとんど出ている場合までいろいろあると解釈すれば理解できる。

その違いは、どこまで深くリラックスしているのか、どこまで体験にどっぷり浸かっているのかの程度の違いのようである。

ヘミシンク体験には、こういう意味での幅はあるが、体験内容や得る情報については体外離脱とまったく同じである。

つまり、どちらの方法で死後世界を探索しても同じ結果が得られる。

モンローは体外離脱で死後世界を探索し、詳細な地図を作り、体系化した。

モンロー研究所のプログラムに参加する人たちはヘミシンクを聴いて自ら死後世界を探索し、その地図を確認してきている。新たな情報が得られることもある。

モンロー研究所では死後世界を体験する宿泊型プログラムやその他さまざまな目的のヘミシンク・プログラムを開催している。

私はモンロー研究所の公認レジデンシャル・ファシリテーターとして、日本語で主に日本でモンロー研の公式プログラムを開催している。

これまでに全世界で5千人を越える人がヘミシンクを聴いて死後世界を体験してきている。ちなみに日本では500人を数える。

本書で紹介する死後世界は、そういった多くの人の探索によって裏付けられた情報に基づいている。

科学者はまだ納得していない

多くの科学者は臨死体験や体外離脱体験を現実体験とすることについてまだ

懐疑的だ。まして死後世界の存在についてはなおさらである。

こういった体験はすべて脳内現象だとする意見が依然として根強い。つまり想像にすぎないと考えるのだ。

人が死後も存続することや肉体を離れて存在できるということを科学者が納得できる形で証明できていないことが、この背景にある。

ロバート・モンローを被験者として1965年9月から66年8月までにヴァージニア医科大学で行なった8回の実験について『ロバート・モンロー「体外への旅」』のp20~25に書かれている。

実験環境がリラクゼーションに向いていなかったので、最初の7回の実験では体外離脱は起こらなかった。

8回目の実験で、短い体外離脱に2回成功した。1回目では見知らぬ人たちが見知らぬ場所で話しているのを見たが、それが空想なのか、遠隔地で起こったことを実際に知覚したのか、調べるすべがなかった。

2回目の体外離脱では、検査室の技師が部屋を出て一人の男性（後で技師の夫だと確認）といっしょに廊下にいるのを見た。それは後で事実だと確認された。

1968年に行なわれた次の実験では、モンローは隣の部屋の棚に置かれた数字を読むことになっていた。が、そこへは行けずに、代わりに見覚えのない戸外の場所に出た。そこについての彼の記述は、建物内部にある中庭と一致した。ただし、モンローが事前にその中庭を見ていなかったとは断定できないので、証拠とはならなかった。

これ以外の実験についてもここには書かれている。結論から言うと、見た内容が事実と合ってる部分もあるが、まったく合ってない部分もあった。

ということで、体外離脱が現実体験であるということは、まだ科学者が納得できる形では証明されていない。

私は体外離脱が現実体験であることや死後世界が存在することを証明するのは今の段階ではまだ難しいと考えている。

ただ、体外離脱を体験した人はそれが現実体験だと確信するし、臨死体験や体外離脱、ヘミシンク体験によって、死後世界を実際に体験した人や亡くなった知人と会った人は、死後世界の存在を確信する。そういう人にとっては、科学的証明などいらないのだ。

これについては拙著『あの世はある！』（ハート出版）に詳しく書いたので、読まれた方もいるかもしれない。

科学的に存在を証明できないが存在するものはたくさんある

さらに言えば、科学が存在を証明できないからと言って、存在そのものが否定されるべきではない。

ところが、世間には、死後世界の存在は科学で証明できないから、死後世界は存在しないのだという主張がまかり通る。

これこそ非科学的な論法である。

17世紀のニュートンの時代には電場も磁場も発見されていなかった。当時の科学ではそういうものの存在は証明できなかった。だからと言って、電場や磁場が存在しなかったわけではない。単に当時の科学では証明できなかっただけだ。電場も磁場も存在していたわけである。科学がそこまで発達していなかっただけだ。

これひとつを見ても、科学的に存在が証明できないからと言って、存在しないと断定するのは性急すぎるということがわかるだろう。

こういった例は他にいくらでもある。

たとえば、愛が存在することをだれでも知っているが、はたしてその存在を科学は証明できるのだろうか。

答えはノーだ。脳波や血流量、グルコース代謝量などをいくら測定しても愛というものが存在するということを科学的に証明することはできないのである。愛は科学的な計測にかからないのだ。

A男とB吉がC子を愛していたとしよう。

ふたりがC子に結婚を迫ると、C子は、

「ふたりの内の愛情が大きいほうと結婚するわ」と言った。

そこでA男とB吉は有名な大学病院に行って、どちらの愛が大きいか測ってもらうことにした。

ところが医者は笑って答えた。

「そんな測定はできません」

「えっ、測れないんですか！」

「当たり前じゃないですか、科学は万能じゃないんですよ。その代り、いいアイデアがありますよ」

「えっ、なんですか？」

「C子さんの右手をA男さんが、左手をB吉さんが引っ張って、どっちが強いか競争するんです」

　ということで、ふたりはC子を真ん中に引っ張り出した。C子はあまりの痛さにおいおい泣きだした。それを見て、B吉は思わず手を離してしまった。

　A男は大喜び。

　ところが、医者は言った。

「B吉さんの勝ちですね」

これは大岡越前の「子争い」と呼ばれる有名な話をちょっとパクって作った話だ。

要するにこういうことでもしない限り、どっちの愛が大きいかわからないのだ。科学的には測定できないし、愛の存在を科学は証明できない。

だからと言って、科学者が愛は存在しないと言わないのは、みなが体験的に愛が存在することを知っているからだ。だから、死後世界もみなが体験できるようになれば、誰もその存在を疑わなくなる。科学的に証明できなくてもいいのだ。

もうひとつ科学で存在が証明できないが、存在するものを紹介しよう。

それは夢に関連する。あなたが昨晩、ある夢を見たとしよう。苗場スキー場でスキーをしていたという夢だったとする。

で、あなたはこれこれこういう夢を見たということをはたして科学的に証明できるだろうか。

あなたが眠るときにさまざまな計測器を取り付けて、ありとあらゆる生体情報を測定したとする。そうすればあなたが眠って夢を見ている状態にいることは測定にかかる。脳波と目の動きを見ればだいたいわかる（ただし、これすら夢というものの存在証明にはならない）。

ところが、夢の内容までは測定できない。苗場スキー場でスキーをしていたということは、科学がどうがんばっても測定できない。

だからあなたがこういう夢を見たと言っても、それは科学では証明できない。だからと言って、あなたがそういう夢を見なかったということではない。科学で証明できないから、あなたがそういう夢を見たという事実まで否定されるわけではないのである。

いくつかの例を紹介したが、ここで言いたいことは、ある現象の存在が科学で証明できないからと言って、その存在を否定すべきではない、否定はできないということである。

科学者は、単に今の科学の測定にかからないだけという可能性に対して、もっとオープンになるべきだと思う。

さらに言えば、もし死後世界の存在が科学と矛盾するのであれば、死後世界の存在は否定される。死後世界の存在は科学と矛盾するだろうか。それを証明する人がいれば、確かに死後世界の存在は否定される。ところが、そういう証明ができた人は未だかって一人もいないのである。死後世界の存在は科学と全く矛盾しないのだ。

第3章　死後に起ることを正しく知ろう

自分の死後に何が起こるのかということを正しく理解することは、死の恐怖を軽減する上でも、死後に混乱したり、好ましくない世界へ引き寄せられてしまったりすることを避ける上でも、特に大切である。

実際のところ、現代人は人が死後どうなるのかについて正しい知識を持たないため、死ぬ前に恐怖におののいたり、死んだ後に混乱したり、途方にくれたりする。あるいは死後は恐ろしい世界が待っているという宗教の誤った宣伝によって、本当にそういう世界を具現化してしまう。

そういう事態にならないために、この章では死後に何が起こるのかということと、死後世界の構造とそこに働く原理についてお話ししたい。

死後世界の構造についてしっかりと理解することは、死後に暗い世界や不自由な世界に迷い込まないために必要な事柄である。

海外の大都市に初めて行く場合に、あらかじめ観光案内に目を通したり、地図を調べておけば、危ない地域に誤って入ることを避けることができる。それとまったく同じことである。死後世界通になっておくことが、何より重要である。

◆肉体から離れる：自分は肉体の死後も生きている！

死ぬ際にまず起こることは、自分が肉体から離れるということである。実際には肉体の死の前から出たり入ったりを何度か繰り返すのだが、最後に完全に分離していく。

生きている人が体験する体外離脱では、肉体から離れていく「自分」と肉体との間には何らかの形でのつながりが残っている。それをシルバーコードと呼ぶ人もいる。それが切れると肉体が死ぬと考える人もいる。

私は初めて体外離脱を経験したときに、これまでずっと自分だと思っていた肉体が自分ではないこと、肉体は単なる入れ物で、自分は肉体と独立に存在するのだということを知り、それまで持っていた考え方、宇宙観が１８０度転換してしまった。自分は肉体とは独立した非物質の存在だとわかった。

それまではコチコチの物質論者だったが、それは間違えだと知ったのだ。

これは私としては大きなショックだった。それまでの30数年間、ずっと真実だと思っていたことが、そうではないとはっきりと知ったのだから。考えが土台から覆されてしまった。

世の中には以前の私のような物質論者が大勢いる。死後はないとか無だと論じている学者も多い。彼らは体外離脱や臨死体験は脳内現象だと主張する。

こういう人たちは自分が死ぬ際に驚くに違いない。肉体から自分が離れていくことがわかり、これまでの主張が誤りだったと初めて知るからだ。

もっとも、人によっては肉体から離れたことをしっかり自覚しないこともある。そういう場合、自分にはこれまでどおり手もあり足もあり体もあるので、まだ死んでないと勘違いしてしまうこともある。

実はその体は肉体ではない非物質の体なのだが、あまりに同じ感覚なので気がつかないのだ。上へ浮き上がることが起こって初めて気がつくこともある。

特に突然の事故で死んだ場合や寝ている間に死んでしまった場合には、そのまま死んだことに気がつかない場合もある。これについては後で「囚われの世界」でお話ししたい。

肉体を離れた「自分」はその後ほんのしばらく物質世界内に留まる。通常はこの段階で自分が死んだことを自覚する。

そして、自分の身内のところへ行って様子を見たり、別れの挨拶をしたりすることもある。この際、移動は瞬間的に起こる場合と空間を実際に飛んで行く場合とがある。瞬間移動の場合は、だれかのことを思うだけでそこに行く。

肉体を離れる前ぐらいから、いわゆる「お迎えの人」が必ずやってきている。彼らは先に亡くなった家族や親せき、知人、宗教上の聖人の姿で現れる場合が多い。

ただ、お迎えの人に気がつく人と気がつかない人とがいる。気がつくか気がつかないかがその後の展開に大きな違いを生み出す。

気がつく人はいっしょにその場を離れて、以下にお話しする「この世とあの世の境界」を過ぎ、そのまま真直ぐに「光あふれる世界」へ向かう。

お迎えの人に気がつかない人の場合も、そのまま自然に「この世とあの世の境界」へ進んでいく。

◆この世とあの世の境界

ここは俗に言うところの三途の川のあるところである。実際に川を目撃する人が多い。三途の川という話を聞いたことがないはずのキリスト教徒のアメリカ人でも川を報告する例が多々ある。

また、この川にかかる橋を見たという報告も多い。川やそれにかかる橋という形で人が把握する何らかの実体がそこにはあると考えられる。

ただし、川とひと言で言っても、詳細は人によりさまざまだ。向こう岸が見えないほどの大河もあれば、ひょいと渡れる小川もある。両側がコンクリートで覆われた川もあれば、自然の草で覆われた川もある。

橋にしても同様だ。瀬戸大橋のような超近代的な橋を見た人がいると思えば、木でできた江戸時代のような橋を見る人もいる。渡る場所によって違うのか、それとも見る人によって違うのかはわからない。

以前この領域を上から俯瞰したことがある。その際に大小さまざまな川が入り江のようなところに流れ込んでいる光景が見えた。これが本当だとすると、実際に太い川もあれば細い川もあるということになる。橋もいろいろなものがあっていい。

橋以外にも川の両側には見た目には地上と同じような景色が広がる。森や草原があり、山があり、畑があり、街並みもある。建物がいくつも並ぶところもある。

臨死体験者が川の手前のお花畑に来たということを報告する場合があるが、そのお花畑はここにあると考えられる。

死んで既に向こうの世界に行った人の中には、向こうの世界からこの境界まで戻って来れる人もいる。全員ではない。さまざまな事情でここまで来れない人も多い。

モンロー研究所のプログラムに参加してこの境界まで来た人の中には、先に死んだ肉親に会ったとか、知人に会ったと報告する人が多数いる。

実際に死んだ人の場合、肉体を離れる前後にお迎えの人に会う場合が多いと思われるが、ここまでやって来て、ここで先に死んだ肉親に出迎えられて、いっしょにあの世へ旅立つということもあるようだ。

臨死体験者は川のたもとで先に死んだ肉親や知人に会ったと報告する例が多いが、それはこの境界での出来事だと考えられる。

モンロー研究所のプログラムでこの領域まで来た人の中には、川のたもとにカフェがあることに気がついた人が何名もいる。このカフェはブリッジカフェと呼ばれるようになった。今ではヘミシンクのセミナーではここが一つの集合場所として使われている。

空港のターミナルのような広い場所に大勢の人がいるのを見かけることもある。そこにはお土産屋が並び、この世のお土産を買っている人もいる。

ここから何らかの乗り物に乗って向こうの世界へ行く人もいるようだ。乗り物は飛行機の場合もあるが、列車やバス、自動車、船など、何らかの形でその人の死後世界観を反映したものになるようだ。もちろん、そういう乗り物には乗らずに、体一つで行く人もいる。

さらには、ここを一瞬で通過してしまう人も大勢いるようだ。

ここを越えて行くと、いよいよ死後世界へと入っていく。数限りない世界があるが、死んだ人はその中の一つへ向かう。

物質世界に近い順に「囚われの世界」、「信念に基づく世界」、「光あふれる世界」についてお話ししたい。その前に、こういう世界で働く原理について簡単に説明する。

死後世界で働く原理

死後世界には以下の二つの原理がある。これ以外にもあるが、それらについては必要となる際にお話ししたい。

◆「類は友を呼ぶ」原理

略して類友原理と呼ぶ。同じような考え、思い、価値観、興味、趣味などの人が互いに引き合うという原理である。似た者どうしの間に引力が働いて集まるということ。実際のところ、この原理は物質世界でも働いているのだが、非物質世界のほうがより顕著に表れる。

◆「想像は創造」の原理

非物質世界では想像したことがそのまま創造されるということがある。思いが形をとって現れる。それを指した原理である。

ただ、ここで「思い」とは、いわゆる顕在意識で「考える」ことというよりは、「イメージする」ことを指しているようだ。イメージのほうがそのまま形になりやすい。

その理由は、非物質世界は顕在意識ではなく潜在意識の領域につながっていて、イメージは潜在意識の世界での言語だと言われているからである。

死後世界の構造

死後世界はいくつもの世界から成っているが、次の3つに大きく分けることができる。

・光あふれる世界
・信念に基づく世界
・囚われの世界

死後世界は物質世界ではないので、非物質世界とも呼ばれる。

死後世界にもいろいろな「物」がある。建物や道、木々、草や花など、ごく普通に見慣れた「物」がある。ただ、それらは物質ではなく、非物質からできている。また、人も肉体ではない新たな非物質でできた体をまとうようになる。

非物質とは言え、その世界全体が人を含めて、同じ非物質でできているので、そこに住んでいる人には見ることも触ることもできる。そういう意味でその世界の住人には現実世界である。

それでは、物質と非物質は何が違うかというと、「振動数」が違うと言われている。物質は非物質に比べて振動数が低い。

振動数の違いがあるので、物質世界の住人が非物質世界を見たり、触れたりすることは難しい。

ちょうど私たちに超音波が聞こえないのと同じ理屈だ。人には下は20ヘルツから、上は個人差や年齢差はあるが、だいたい1万7000ヘルツまでの音が聞こえる。超音波はそれよりも高い音なので私たちには聞えないのだ。

私たちの知覚は物質世界の振動数に焦点を合わせているので、それを越える振動数にある非物質世界のことは通常は知覚できない。

もちろん世の中には、そういう世界が知覚できる人もいる。そういう人は知覚の焦点を物質世界だけでなく、より高い振動数にも広げることができるのだ。犬やコウモリが人間には聞こえない高い音が聞こえるようなものだ。

非物質世界とひと言で言って、死後世界の中に振動数の違いがある。ここに挙げた3つの世界の中では、「光あふれる世界」の振動数が一番高く、その次が「信念に基づく世界」、一番下に「囚われの世界」が来る。その下にこの世、つまり物質世界が来る。

振動数が高い世界ほど、いろいろな意味で囚われが少ない世界である。より自由な世界だと言える。

死後世界はこのように3つの世界に大別できる。死んで肉体から離れると、このいずれかに向かう。振動数の低いほうから、つまり物質世界に近いほうから順に見ていこう。

◆囚われの世界

まず、物質世界に一番近いのが「囚われの世界」である。

この世界はいくつもの小さな世界から成っているが、大きく二つに分類できる。

一つは、何らかの理由でこの世に対する強い未練を持っていて、地上世界にいつまでもい続ける場合である。本人は死んでいるので非物質状態なのだが、意識は物質世界に向いていて、それ以外のことには気がついていない。

もう一つは、自分の思いの中にどっぷりと浸かっていて、その思いが一つの世界を作り出している場合である。夢の中にいつまでもいるような状態である。

〈物質世界のすぐそばにいつまでもいる〉

最初の場合の例をいくつか紹介する。

自分の住んでいた家に執着があり、死んでもそのままそこに住み続ける人がいる。あるいは自分が死んだことに気づかずに家にいる場合もある。

彼らは肉体を失っているのだが、非物質の体を持っているので、これまで通りの生活をしようとする。ところが物質に触ることができない。人に話しかけても、誰も気づいてくれない。そういうことから自分が死んだことに気づいて、そこから解放される場合もある。

そうでなく、混乱したまま、あるいは意図的にそこにい続ける人もいる。

こういう人が生きている人に目撃されることがあるが、それがいわゆる幽霊である。

病院で寝ているうちに亡くなって、自分が死んだことに気づかず、そのまま病院にいる人もいる。

突然の事故で死んで、死んだことに気づかずにいる人もいる。その場合も同様のことが言える。

中には自分が死んだことがわかっていながら、意図的に物質世界のそばにいて、自由自在に物質世界内を徘徊する人もいる。彼らは幽霊のまねをして人を怖がらせたり、人の夢の中に入り込んで悪さをしたり、寝ている人の上に乗っかってみたりする。

こういう人たちも次第に飽きてきて、その場から解放されるようだ。

以上の例は、物質世界に非物質の体で存在し続ける場合である。

〈自分の思いの生み出す世界にいる〉

それに対して、物質世界のごくそばの非物質世界に自分の世界を作ってしまう場合もある。

非物質世界では、思いがそのまま形となって現れるという原理が働きやすい。そのため、自分の思いで小さな世界を作り、その中にい続けるのだ。

そういった例をいくつか紹介したい。

炭坑の落盤事故で岩の下敷きになり、救助が来るのを待っているうちに死んだ人が、いつまでも岩の下敷きになったままでいる場合がある。本当は岩は取り除かれたのでもう存在しないのだが、出られないという思いが岩を作り出して、その下にいるのだ。

雪崩で死んで、そのまま何十年も雪の下から出ようとしている人もいる。沈没した船の中に閉じ込められたまま、救助を待つ人もいる。これらは現実の雪や船ではなく、思いが作り出したものだ。

病院に入院したまま死んだ人が、自分の思いで病室を作り、その中にいるということもある。

生前によく行なっていた作業をそのままやり続ける人もいる。たとえば自分の思いで作り出した畑で農作業を続ける人、台所で料理を作り続ける主婦など。

自分の思いの作り出した野球場で野球をやり続ける元野球選手。

戦場で行軍を続ける旧日本陸軍の兵士。

迷子になったまま親が迎えに来るのを待ち続ける子ども。

各自の思いが作りだした世界は、見た目にはモノトーンに薄く色がついたような淡い世界である。少し離れて見ると、白っぽい丸いものが暗い中にぽつんぽつんと浮かんでいる。その一つひとつが、それぞれの世界である。

死後世界に一般的に言えることなのだが、そこでは時間の概念があやふやになる。物事が起こった順序という意味では時間の流れはあるが、地上のように時間の長さをうまく定義できない。

特に、自分ひとりの世界にいる人にとっては、自分が死んだのが昨日のことなのか、1年前のことなのか、あるいは100年前のことなのか定かではない。「囚われの世界」にいる人たちは自分の思いの中に没頭している場合がほとんどで、かなり視野が狭くなっている。思いが堂々巡りしている人もいるが、ボーっとした状態の人も多い。

ここは、一般的には暗い世界である。気分的にも重く、暗く、沈鬱な空気がただよっている。

多くの宗教が死後世界の中のこの部分を取り上げて強調する。死後世界は暗く、寂しいところだと。

確かにこういう世界があるのは事実だが、これから見ていくように、ここととは雰囲気のかなり違う世界も多数ある。

みながみなこういう暗い世界に行くのではない。

後でお話しするが、こういう世界にいるすべての人のそばには、あの世のヘルパーと呼ばれる人たちがいて、ここから救出しようとしている。そのため、いずれは「光あふれる世界」へと行くことができる。永遠にここにいるわけではないのだ。

◆信念に基づく世界

物質世界からさらに離れていくと、「信念に基づく世界」がある。

ここには数えきれないほどの世界があるのだが、それぞれは同じ信念や価値観、考え方、欲、願望、興味、趣味を持った人たちが集まって作り出したものである。

死後世界では同じ思いを持つ人は互いに引き寄せあうという原理が働きやすい。

また、思いが形をとって現れるという原理も働きやすい。つまり想像したことがそのまま創造されるのである。

そのため共通の考えを持った人たちが集まって、共通の思いが一つの世界を生み出し、その中に暮らすということが起こる。

その世界の中は、見た目には地上の世界とほとんど同じだ。だからそこで暮らす人にとっては、そこが現実世界なのである。

ここにはさまざまな信念に応じて、それこそ五万と世界がある。またそこに集まっている人の数も数人とか数十人という小規模のものから、数万人という大規模のものまである。

例をいくつか挙げてみたい。

〈宗教〉

宗教に関連する世界は無数にある。一つの典型的なものはこうだ。ある宗教を信じる人が集まっている世界。中央に教会や神殿があり、みなでその宗教の儀式に明け暮れている。そこでは日々、その宗教の歴代の諸先生から直々に説法を聴くことができる。

特定の修行に明け暮れる人たちが集まる世界というのもある。たとえば、読経を続ける集団。滝行を続ける集団。座禅を続ける集団。瞑想を続ける集団。

〈価値観〉、〈欲〉

食欲を満たそうと食べ続ける人が集まっている世界や、性欲を満たそうと男女が絡み合っている世界もある。こういう欲がらみの世界は、求めても求めても満たされるということがない。そのため満足することがなく、いつまでも求め続けるのだ。

泥棒が集まって互いに盗み合う世界や、人を精神的に傷つけることが好きな人たちが集まって互いに傷つけ合う世界もある。

甲冑の騎馬武者の二つの集団が戦い合っている世界もある。

議論好きが集まって議論し続ける世界もある。

受験勉強をし続ける集団もある。

〈興味、趣味〉

パチンコ好きが集まってパチンコをやり続けている世界もある。麻雀やギャンブルの世界もある。

ゴルフ、テニス、スキー、サッカー、野球、サーフィン、つりなど各種のスポーツ好きが集まっている世界もそれぞれにある。互いに競い合っているところもある。

お花やお茶など習い事をやっている集団もある。

戦い続けている世界や泥棒たちの世界、傷つけ合う世界のようなところ、あるいは互いに性欲を満たそうと男女が絡み合っている世界は、苦しみの多い世界である。仏教で言うところの修羅界や衆合地獄の中にあるとされる刀葉林地獄を彷彿とさせる。こういう世界は地獄と言っていい。

それに対して、自分の宗教や興味、趣味に没頭している人たちは自分のやりたいことをやり続けているので、一見幸せそうに見える。ただ、ひとつの観念に囚われていることには違いはない。自由度がまったくない世界である。

こういう世界にいる人たちは他のことが考えられない状態に陥っている。

自分がやっていることに飽きてきたり、疑問を抱き始めると、その集団から離れ始める。さらに、その世界から抜け出してくる。その機会を待ち構えていたヘルパーがとらえて、次にお話しする「光あふれる世界」へ連れて行くのだ。

◆光あふれる世界

この世界は光と喜びのエネルギーにあふれていて、優しい癒しのエネルギーに満ちている。ここはいるだけで五月晴れのような爽快な気分になり、また、深く癒されるのである。

来た人たちが安心できるように、ここには慣れ親しんだ地上そっくりの世界が広がっている。

森や山、草原、湖があり、川が流れ、美しい白砂のビーチへと流れ込む。色とりどりの花の咲く公園があり、建物がその木々の合間に点在する。

さらに病院や温泉、サウナ、マッサージ施設、テニス場やスキー場などのスポーツ施設があり、さまざまなレジャー施設、憩いの場、レストランやカフェも多数ある。図書館や資料館、学校のような教育機関もある。

全体としてリゾート地という印象を受ける空間で、ハワイやタヒチなどの南国風のところもあれば、軽井沢やスイスのような高原の避暑地のような景観のところもある。

いずれにせよ、ここは開放感と爽快さに満ちた世界である。

私は死後世界にこういう世界があるということをもっと強調していいと思う。死後というと暗く、寂しいところというイメージを持つ人が多いが、それだけではないということを知ってもらいたい。

素晴らしい世界だが、残念ながら人は「光あふれる世界」にいつまでもいることはできない。

ここは人が次の生に移るまでの間しばし留まり、ゆっくりと休息するための場であり、次の生へ移るための準備をする場である。ここはあくまでも中継点である。

そういう意味で宗教の言うところの天国や極楽、浄土とは異なる世界である。

ここにあるさまざまな施設や領域は、その目的に応じて、いくつかに分けることができる。人の流れという視点で見ると、次のように分けられる。

①受け入れの場
②癒しと再生の場
③教育の場
④計画の場

それぞれについて次にお話ししたい。

〈受け入れの場〉

「光あふれる世界」に来た人を温かく迎え入れる場が、「受け入れの場」である。

人は死んでまっすぐに「光あふれる世界」へ来る場合と、後でお話しする他の世界に立ち寄ってから来る場合とがある。

いずれにせよ、ここはどこだろうかと、かなり不安な気持ちでやってくる。そういう不安を払しょくするために、先に亡くなった祖父母や両親、家族、知人が出迎えにくる。何らかの宗教を信じていた人であれば、その道の先生や仲間が迎えに来る。そうすることで、本人がすっかり安心できるようにしている。亡くなった人は彼らに会うことで心から安堵し、その先へ進むことができる。

この場所は外見的には実にさまざまな形がありうる。その人の考えや期待に沿うような形にあえてしていることもある。

たとえばホテルのロビーや温泉旅館の玄関だったり、美しい公園や花の咲き乱れる草原だったりする。

あるいは、金ぴかの御殿の玄関、天国の入り口のような建物というようなこともある。

亡くなった人は何らかの移動手段を使ってここまで来ることが多い。物質世界ではないので、ここまで来るのに乗り物はいらないのだが、あの世のヘルパーたちが提供した乗り物でやってくるのだ。もちろん乗り物を使わずに、体一つで空を飛ぶような感じでやってくる人もいる。

乗り物でやってくる場合には、それに対応した受け入れの場が用意されている。たとえば列車やバス、タクシー、飛行機、船などに乗って来る場合には、それぞれに対応して、駅のホーム、バスターミナル、タクシーの乗降所、空港、波止場が用意されている。

事故死の場合には、ここまで救急車で運ばれてくるケースが一般的だ。救急車はあの世のヘルパーが用意するのだが、それに対応して、救急病院の入り口が受け入れの場となる。そして医者や看護師が出迎える。

亡くなった人は「受け入れの場」に着いた後、迎え入れた人たちとしばらくいっしょにいる。

迎え入れた人たちは、ここがどういうところなのかをゆっくりと説明してゆく。まず、自分が死んだことを自覚していない人もいるので、死んだことに気づくようにする。たとえば、地上ではありえないような現象を見せる。

そして、ここは天国でもなければ、地獄でもないこと、次の生へ移るための準備をするところだということを教える。さらに、これからどういうプロセスを経て次の生へ移るのかを教える。

〈癒しと再生の場〉

亡くなった人は次に「癒しと再生の場」と呼ばれるところへ行く。ここは「受け入れの場」の一部と考えてもいい。

人は死ぬ過程で何らかの形で肉体的にダメージを受けている場合がほとんどである。病死の場合には体が病気に侵されて衰弱したり機能不全になっている。事故死の場合は、肉体の一部が欠如していたり、本来の形から離れた状態になっている。

人は死ぬと肉体から離れ、物質ではない体を持つようになる。この体はさまざまな名前で呼ばれているが、この本ではエネルギー体と呼ぶことにする。

死後世界では「エネルギーは思いに従う」という原理がある。エネルギー体はその人の思いを反映した形をとる。死ぬ際に肉体が受けたダメージがそのまま残っていると思っている人は、エネルギー体もダメージを受けた形になる。

それを本来の健康な姿に戻すためにあるのが「癒しと再生の場」である。基本的には、その人の思いを変えることで本来の姿に戻すことをする。そのためには本人が納得するやり方でやる必要がある。

本当のことを言うと、どのような体であっても、瞬時に治すことはできるのだが、本人が治るには時間がかかるものだ、それなりの治療を受ける必要があると思い込んでいる場合が多いので、病院などのそれなりの施設で、手術を受けたり、リハビリをしたりといった過程を経て、ゆっくりと治す。向こうの世界に行っても、物質世界での考え方が身に染みているのだ。

そのために、各種の施設がある。具体的な例をあげると、近代的な総合病院やリハビリ施設、マッサージ施設、温泉、各種のヒーリング施設など。そういう施設には医師や看護師にふんしたヘルパーたちが大勢働いている。

中には古代ギリシャの神殿ふうの建物を中心とした施設もある。そこは緑に囲まれた小高い丘の上にあり、眼下には海が広がる。施設内には池や噴水、渓流などがそこかしこにあり、水を使う癒しや浄化が行なわれている。古代ギリシャ人にふんしたヘルパーが癒しを施してくれる。私はそこをアクアパレスと呼んでいる。

肉体ではなく精神的な病のために亡くなった人も、それをそのままこちらの世界へ持ってくる人が多い。幼少期の愛情不足がその原因という人のためには、幼少期に戻って愛情豊かな家庭を再度体験しなおすための場も用意されている。ところで、この「癒しと再生の場」は死んだ人だけのものではない。生きている人も行くことができる。そこで十分に癒されてくることが可能だ。

〈教育の場〉

亡くなった人が次に行くのは「教育の場」である。ここではいろいろなことについて教育を受けることができる。いわゆる座学もあるが、実地に体験を通して学ぶことができるところがここの優れた点だ。

たとえば、自分がある好ましくない行動パターンをとる場合、それを直すために模擬体験を繰り返し行なうことができる場がある。

そこでは、気がつくとある状況の中に自分がいて、とっさの対応を迫られる。これは自分の行動パターンに気づき、それを是正するための模擬体験なのだが、非常にリアルでこれが模擬体験であることをすっかり忘れて没頭してしまう。

その状況で、いつものパターンの対応をすると、また振り出しの最初の状況の中に戻される。好ましい対応をするまで、これが繰り返される。

ここでは、この手の体験型の教育の機会が得られる。

生きていく上で役に立つような思考行動パターンを教わったり、仕事上に使えるような技能を身に付けたり、各種スポーツの能力を向上させたりできる。

たとえば、スキー場でスキーの練習をできる。うまく滑る場合の滑り方を実際に体で体験できるので、上達が早い。

自分の精神性の向上のために、他の人生（過去世）について教わったり、他の星にある生命系を体験したり、宇宙の真理や原理について学ぶこともできる。亡くなった人は自分の興味や次の生での必要性に応じて、ここでいくつかのことについて学ぶようだ。

実はここの施設も生きている人にもオープンになっている。夜寝ている間にかなりの人がここまで来て、必要な学びやガイダンスを得ている。

ここには巨大な資料館があり、すべての人の人生記録と、これまでに生きたすべての人の人生記録が保管されている。

だから、ここで自分のこれまでのすべての生について知ることができる。人生だけでなく、動物や植物、鉱物など他の生命体として生きた自分を追体験できる。

それだけでなく、宇宙中のすべての事象が記録されている。だから世界の歴史についてもここに来ればわかる。

私は日本古代史について3冊の本を書いたが、ここに来ていろいろとわからないことを調べていたようだ。ようだと書いたのは、そういうはっきりとした意識はないのだが、別の機会にここに来たら、ここで働くヘルパーにそう言われたのだ。

〈計画の場〉

いよいよ次の生について計画を立てる段階に来る。ここではガイドや何人かのヘルパーたちと相談しながら計画を作る。

次の生として大きく分けて次の選択肢がある。

① 人間界に戻って人間として生きる
② 「光あふれる世界」でヘルパーをやる
③ 地球以外の生命系に行き、そこで別の生命体として生きる
④ トータルセルフとのつながりを回復し、そこに帰還する

多くの人は①を選択する。人間として生きることは魅惑的だと感じる人が多いらしい。②〜④を希望しても、①を勧められる場合もあるようだ。①以外を選びたくても、何らかの条件を満たさないとだめなようだ。

①を選択した場合、次の人生の計画を立てる作業の一環として、一つ前の人生やそれまでの過去世での経験や学びについてざっと見る。そして、人としてさらに発展するには、何が必要かを見極める。たとえばもっと忍耐を学んだほ

うがいいとか、愛情表現をできるようになったほうがいいとか言われる。

それに基づいて次の人生を計画する。たとえば、どこの国で、いつの時代に、どういう親の元に生まれるかを決める。と言っても、ヘルパーたちが用意した二つの選択肢の中からひとつを選ぶというような場合が多い。

その次に、その人生における重要な出来事や出会いについて設定する。たとえば、14歳のときに大病を患うとか、事故に遭うとか。将来結婚するかもしれない人と20歳で会うとか。強い影響を受ける先生との出会い、会社を共に興すことになるかもしれない人との出会いなど。

ただし、出来事や出会いは設定するが、それに対して自分がどう対応するかまでは設定しない。それは生まれた後、そのときになって自分が判断する。たとえば、結婚するかもしれない人と出会うが、結婚するかどうかはそのときになって判断する。

このように人生の節目になるようなことは設定しておくが、実際にどう生きるかの大部分は未定で、実際に生きながら選択していく。だからすべての運命が決まっているわけではない。人生は自分で作っていくのである。

計画ができあがったら、次の生へ向けて移行してゆく。人として生まれる場合は、その前に知覚を狭めてここでの記憶や前の人生の記憶にアクセスできないようにするプロセスを通る。そして、しばらく待機した後、人として生まれるべく、母親となる女性の胎内へ移行してゆく。

「光あふれる世界」にはこういった人の流れとは関係ない領域もたくさんある。たとえば、新しいアイデアや発明が生み出される場とか、新しいジョークやダジャレが生み出されるユーモア・センターとか。あるいは人間以外の生命体のための領域など。本書には直接関係しないので、省くことにする。

何度も言うが、「光あふれる世界」は光と喜びに満ちた世界である。ただ、人はここに長居はできない。ここは中継点に過ぎない。

死後世界は暗い世界ばかりではない

ここまで死後世界を構成する３つの世界について見てきた。死後世界はバラエティに富んでいて、けっして暗い苦しい世界だけでないことをご理解いただけただろうか。

ところで、死んだ人はそのすぐ後に、何割が「光あふれる世界」へ行き、何割が「信念に基づく世界」へ行き、何割が「囚われの世界」に行くのだろうか。これがわかれば、「光あふれる世界」へ行く確率の目星がつく。

残念ながらそういう統計データはとれていない。

ただ、私はこれまでにモンロー研のライフラインなど死後世界を探索するプログラムに参加した500名以上の人たちの報告を聞いてきたが、その感触から言うと、「光あふれる世界」へ行く人は全体の半数よりは少ないが、1、2割というほど少なくもない。つまり、3割から4割程度ではないだろうか。

特にここ何年かは、その率が上がってきているように思える。これについては第Ⅱ部でお話しする。

要するに、死んだらみな地獄だとか、苦しい世界が待っているとか言うのは、事実に合っていないのだ。暗い世界を強調しすぎていると思う。「光あふれる世界」へ行く人がかなりの数いるという事実にもっと目を向けるべきではないだろうか。

また、たとえ「囚われの世界」や「信念に基づく世界」に行ったとしても、いずれは「光あふれる世界」へたどり着くのである。永遠にそこにいるわけではない。

死後世界の負のイメージを強調しすぎることの弊害

死ぬことに対して漠然とした恐怖心を抱いている人は多いと思う。

こういう恐怖心を持つ背景には、生まれてから成長していく過程で知らず知らずのうちに家庭や学校、社会から教え込まれた文化的な影響が大きい。

これは何も死の恐怖だけではなく、考え方や価値観、宇宙観に至るまでおよそすべてのことに当てはまる。

だから今とはまったく違う時代にまったく異なる文化の中で生まれ育った人は、私たちとはかなり異なる考え方をしていたわけだ。私たち日本人でさえ、ほんの150年前までは幕藩体制の下、現代日本人から見ると相当異質な考え方を持って生きていたと思う。言葉遣いも身分や性別で異なっていたという。

死生観に限って見ても、文化や宗教の違いによる差は大きい。特に現代文明とは異なる文化や社会が持っていた死生観は、現代人とはずいぶんと異なっている。

たとえば、ネイティブ・アメリカンは、人は大自然の一部で、自然が四季の変化をするごとく、人も生まれ、成長し、老い、死に、死ねば形を変えて生き続けると考えていたようだ。死は別れではない。死と生は対立する概念ではない。そう考えていたので、死を私たちよりもはるかに楽に受け入れることができた。

生と死に対して、これと似た考え方をする古代社会は意外と多かったのではないだろうか。人は自然の一部だと見なし、死は自然に還るだけ、自然の循環の一つだと見るわけである。

むしろ現代社会が死生観という点では異質なのかもしれない。人を自然から切り離してしまったのだ。

こういう価値観を持つようになったのは、農耕を始めたことがきっかけではないかと思う。

私は日本の古代史についての本をここ2年に3冊書いた。『ベールを脱いだ日本古代史』、『伊勢神宮に秘められた謎』、『出雲王朝の隠された秘密』（すべてハート出版）である。

本を書いていく中で、狩猟採集民である縄文人（5000年前の三内丸山遺跡からは栗の栽培が認められるので、一部に農耕民もいたが）と稲作民である弥生人の考え方に大きな差があることに気づかされた。

縄文人は、人は自然の一部という思いが強く、自然と共に生きていれば何の心配もないと信じていた。そのために自然に感謝する気持ちを常に抱いていた。ネイティブ・アメリカンと同じような死生観を持っていたわけだ。

それに対して、稲作民である弥生人はまったく異なる価値観を持っていた。

農耕は稲作を見ればわかるが、自然を切り拓き、田を作り、水を張る。灌漑用の池や用水路を作る。田植えをして、肥をやり、雑草は徹底的に抜く。というふうに、人工的に作物を作るわけだ。しかも大勢の人が一団となって一つの計画の元に行なう。稲以外の作物でもだいたい同じだ。

もちろん太陽、雨、風、大地といった自然の影響はもろに受けるので、それらを神として祀り、その恩恵を得られるようにした。

ただ、基本的な考え方は、自然まかせではない。自然はできればコントロールしたい対象である。この辺から自らを自然から分離して見る見方が始まったのではないだろうか。

それまではネイティブ・アメリカンがそうであったように、自分が自然の一部だという強い思いを持っていたため、死を楽に受け入れていたのが、農耕が始まると共に自然と自分を切り離してしまったために、死に対して大きな恐怖を抱くようになったと考えられる。

こういう見方は親から子へ、子から孫へと受け継がれていった。死は怖いものという考えがしっかりと根付いていった。

さらに、そういう文化的な背景から生まれた宗教も死に対して基本的に同じスタンスをとった。

そういったことから、社会のさまざまなチャネルを通して私たちは死は怖いものだと繰り返しインプットされることになった。その結果、それが常識となったのだ。

ただ、その常識は真実を反映しているわけではない。

ここまで見てきたように、死後世界はバラエティに富んでいて、暗くて苦しいところもあれば、「光あふれる世界」のようなところもある。

問題は、死後世界は怖いところだという考えが常識化してしまったため、大きな弊害が出ているということだ。

◆生きている人への悪影響

肉体的にも精神的にも健康な人で、普段から死の恐怖に怯えている人はまずいないだろう。そういう人でも実は死の恐怖が心の根底にあるので、その影響を知らず知らずのうちに受けている。それがボディーブローのように効いているのだ。

これについては、私は死の恐怖がなくなって初めて気がついた。いかにそれまで死の恐怖が影響していたかということを知ったのだ。

死について必要以上の恐怖をあおる今の社会常識は、こういった意味での悪影響を与えている。

死後に対して正しい知識を持ち、死後に対して安心できれば、生きている間にどれだけ心の安寧が得られるか、その効果は計り知れないものがある。

◆死を宣告された人や死が間近に迫った人への悪影響

死後は恐ろしいところだと思い込んでいるため、死の恐怖に怯えながら、最後の時間を過ごさなければならない。死に際にはお迎えが来ること、その人たちといっしょに光あふれる世界へ行けるということを知っていれば、死に対して必要以上の恐怖は抱かずにすむ。

今は生に固執するあまり、死の苦しみを長引かせている人もいる。

◆死んだ後への悪影響

死んだら地獄だとか苦しみの世界が待っているとか、暗い世界へ一人行くんだと思い込んでいると、それ以外の可能性に対して心を閉じてしまう。

お迎えの人が来ても気がつかない。自分の期待に合った世界へと自ら進んでいくことになる。真っ暗なところに一人ぽつねんといることになる。

◆残された側への悪影響

家族や親しい知人を亡くすと、その悲しみはそう簡単には癒えない。特に子どもを亡くした場合には、何年たっても親はそのことがひっかかっているものだ。場合によっては、そこで人生が止まったような気がする人も多い。

拙著『あの世はある！』で強調したことの一つだが、こういった愛する人を亡くした人が、ヘミシンクを聴いて死後世界へ行き、亡くなった人と会ったり、話をしたりすると、大きな癒しを得ることができるのである。止まっていた人生を先へ進めるようになる。

『あの世はある！』ではそういった人の例を何人も紹介した。

愛する人を亡くした人がなぜここまで悲しまなければいけないのかというと、それは亡くなった人に二度と会えないという思いと、死んで苦しんでいるんじゃないかという思いがある。

亡くなった人に会えた人たちは、①二度と会えないと思っていた人に会えたこと、②いつでも会えること、さらに、③亡くなった人が幸せにしていることがわかって安堵したことが、悲しみが癒された主な理由である。

社会常識が、死んだ人とは二度会えないとか、死後は苦しい世界に行くということを信じ込ませているため、必要以上の悲しみを味わうことになる。

そうではなく、死んだ人に会うことができるということ、死んだ後の世界は苦しいところばかりでなく、素晴らしい世界もあるということを知れば、ここまで悲しむことはないと思う。

死後について必要以上に負のイメージを強調することはいいかげんやめたほうがいいと思う。本当の姿をもっと強調すべきではないだろうか。

臨死体験は死後世界のどこまで行った体験なのか

ここで臨死体験の要素をもう一度書き出してみる。

1. 死の宣告が聞こえる
2. 心の安らぎと静けさ
3. 耳障りな音
4. 暗いトンネル
5. 物理的肉体を離れる（体外離脱）
6. 既に死んだ肉親や友人と会う

7.「光の存在」と出会う（完璧な愛に包まれる）。キリスト教徒はこれをキリストと見、ユダヤ教徒は天使と見、無宗教の人は単に光の存在と見る

8. 人生回顧。自分の一生を『光の存在』がパノラマのように写し出して見せてくれる。これは責める為ではない、自己の成長の為である

9. 境界あるいは限界に近づく（現世と来世の境）

10. 蘇生する

まず9から見てみよう。これは明らかに「この世とあの世の境界」に近づいた後にこちらの世界に帰ってきたこと示している。

つまり、臨死体験は「この世とあの世の境界」までの体験であって、そこ越えて死後世界へ入っていった体験ではないことがわかる。

これは重要なポイントだと思う。

なぜかと言うと、臨死体験では死後世界のことはわからないということになるからだ。境界のところまでしかわからないのである。

それでは次に、それ以外の項目について見てみたい。

ここで3と4は体外離脱の前兆としてよく体験されるので、3〜5は体外離脱の過程を体験したものと解釈できる。

次の6だが、「この世とあの世の境界」のところでお話ししたように、先に死んだ肉親や知人が境界にやってくることがある。その体験を指している可能性と、後でお話しするが、死ぬ人のそばにお迎えが来ることが多いので、それを指している可能性とある。

いずれにしても、まだ死後世界での体験ではない。こちら側での体験である。

次に7の光の存在だが、ガイドと呼ばれる存在の可能性が高い。ガイドとは自分を導く生命存在である。常に自分のそばにいる。

ヘミシンクを聴いて死後世界を探索する場合、ガイドと共に行く場合と、ガイドは姿を見せない（あるいは知覚できない）場合とある。

ただ、ガイドを光の存在と知覚する例はあることはあるが、臨死体験者のような頻度ではない。人や動物の姿をとる場合が多いようだ。本来はエネルギーであるのを、こちらが知覚しやすい姿をとっていると言われている。または、こちらが知覚しやすい姿で勝手に知覚するのかもしれない。臨死体験で光の存在をキリストと見る人がいるのと同じである。

次に8の人生回顧。ヘミシンクを聴いて死後世界を探索する場合に、人生回顧ということはめったに起きない。「光あふれる世界」の「計画の場」で次の生を計画する際に、今回の人生について回顧することはある。

「この世とあの世の境界」に至るまでの間に人生回顧が起こっていることを見ると、これはやはりこちら側での体験だと考えられる。

モンロー研究所のプログラムで死後世界を探索する場合、当然のことだが、こちら側の世界から境界を越えていくわけである。だから、人生回顧が行なわれるはずの領域も通過しているはずだ。

なのに、これまでに人生回顧を報告した人はあまりいない。もちろんいないわけではないが、そういう人の場合はそれを目的にしていて、死後世界探索とは関係ないときに人生回顧を体験している。

これはどう解釈したらいいのだろうか。

ひとつの解釈は、ヘミシンクで行く場合、私たちはまだ死んではいないので、人生回顧が必要ないというふうにガイドが判断している可能性である。

もう一つの解釈は、死後世界を探索することを目的にしてヘミシンクを聴く場合、人生回顧よりも死後世界そのものに時間を割きたいので、人生回顧を体験しない可能性。

これは大いにありうる。人生回顧をしたいのであれば、死後世界探索のときにではなく、別の機会に時間をとってやればいいわけだ。

もう一つの解釈は、人生回顧は臨死体験者のみが体験するもので、通常の死者は体験しないという可能性。こちらに戻る人のみがここまでの人生を回顧し、残りの人生に活かすというわけだ。通常の死者は、向こうに行ってから人生回顧をする機会はいくらでもある。

いずれにせよ、多くの臨死体験は、「この世とあの世の境界」までの体験であって、死後世界の体験ではないと言える。

輪廻から出ることはできるのか

もちろんできる。「計画の場」のところでお話ししたが、次の生の選択肢には、人間界に戻るという選択肢以外にも以下がある。

①「光あふれる世界」でヘルパーをやる
②地球以外の生命系に行き、そこで別の生命体として生きる
③トータルセルフ（大きな自分）とのつながりを回復し、そこに帰還する

私たちが地球生命系で何度も生命体験を繰り返し体験するのは、ここで学ぶためである。地球は一種の学校のようなところで、必要な学びを得たら卒業する。つまり地球での輪廻から出るのである。

たいていの人は人間体験を繰り返すことで学びを得る。ただ、中には①のように「光あふれる世界」でヘルパーとなって学ぶ人もいる。あるいは、まれに②のように別の生命系に一時的に行って学ぶ人もいる。

ここで地球外の生命系には地球と同等のところもあれば、地球よりも上のク

ラスも下のクラスもある。

ちょうど私たちの行く学校に小学校、中学校、高校、大学とあるように、生命系にも段階がある。地球を卒業すると一つ上の段階の生命系に行く。

これについては第Ⅱ部「これからの死後世界」でお話ししたい。

誤解を避けるために、ひと言この段階で指摘しておくが、輪廻という言い方はもっと上の視点（トータルセルフの視点）から見ると、実は正しくない。

地球上での生だけでなく、他の生命系での生を含め、すべての生を同時並列に生きているというのがその視点での見方になる。

この話は本書の範囲を超えるので、興味のある方は『バシャール×坂本政道』（VOICE）をお読みいただければと思う。

ヘルパーたちによる救出活動

「信念に基づく世界」や「囚われの世界」にいる人たちは、そこに永遠にいるのではない。いずれは「光あふれる世界」へ行くことができる。

人により、それまでにかかる時間に長短の差があるように見える。ただ、この世界では時間はあってないようなものなので、時間の長短を論じることにはあまり意味がないと言われている。

彼らのまわりには常にガイドやヘルパーたちが待機している。

「囚われの世界」にいる人の場合には、そばにいて声をかけたり、興味を惹くようなことをして、ガイドやヘルパーに気がつくようにしている。一度気がつけば、いっしょにそこから離れて「光あふれる世界」へ連れて行く。

「信念に基づく世界」にいる人の場合は、本人が飽きたり、疑問を持ち始めるまでガイドやヘルパーたちは待機している。そして、信念が解けて、その世界から抜け出てきた機会をとらえて、すかさず「光あふれる世界」へと連れて行くのだ。

ヘルパーの中にはある特定の「信念に基づく世界」に長らくいて、そこの事情を知り尽くしている者もいる。そういうヘルパーは、その特定の世界の人はどういうふうにすれば信念がぐらつくかわかっているので、その世界に入っていき、みなの信念がぐらつくようなことを行ない、救出する。

ブルース・モーエンの『死後探索シリーズ4　人類大進化の旅』にそういう例がいくつも出てくる。

この活動の手助けを私たち生きた人間が行なうことができる。

モンロー研究所のライフラインという死後世界を体験することを目的とした5泊6日のプログラムがある。そこではもちろん死後世界を探索するのだが、救出活動ということを主に行なう。救出活動とは「囚われの世界」や「信念に基づく世界」にいる人を「光あふれる世界」へ連れて行くことを指す。ヘルパーよりも生きている人のほうがそういう世界にいる人には気づかれやすいということがあるので、私たちの出番となるのだ。これまでに多くの人が救出活動を行なってきている。

救出活動では、まず「光あふれる世界」へ行き、そこでガイドやヘルパーに会い、「囚われの世界」へいっしょに行く。通常、救出する目標の人はすでにガイドたちが決めているので、私たちはその導きに従えばいい。ただ、目標の人の前にいった後は私たちの役割だ。目標の人と話をしたりして、興味を惹きつけ、「光あふれる世界」へ連れていく。

救助活動の具体的な例について興味ある方は、拙著『あの世はある！』に載せてあるので、ご覧いただければと思う。ここではライフラインに参加したときの体験から一例を紹介したい。

「光あふれる世界」へ着いた。ガイドに「囚われの世界」へ行き救出活動をしたいとお願いする。

いっしょに移動し、「囚われの世界」へ着いた。

草原とポプラ並木が見える。暗い。少し移動する。

墓石のようなものが一面に立っている場所へ来た。石はこけしのような、人のような形をしている。

薄暗い中に、墓石のようなものがそこら中に無数に立っている。人がそのままこの状態に閉じこめられてしまったのだろうか。人が石と化してしまったのだろうか。

もしかしたら、それより、死んだら墓の下にいると信じてじっとしているのだろうか。どうもそっちのようだ。

どうしたらいいのだろう。こんなに大勢の人を救出できるのだろうか。

どうやって。途方にくれる。

こんなことをしていたら時間がなくなってくる。どうしようか。

ひとつの石の前に来る。ともかくこの人だけでも救出できないか。

そうだ目を覚ましてやろう。

「寝てないで目を覚ましなさい！」

大声で叫ぶ。

そうだ、みなに声をかけよう。

「みな寝てないで目を覚ましなさい！」

何度も叫ぶ。

額から愛のエネルギーを照射したらどうだろうか。試してみる。そこら中に照射してみる。
ともかく効果はわからないがいろいろやってみた。さらに
「上の方にいきなさい！天国、極楽がありますよ！」
と叫んだ。
ふと目を上げると、上に向かってたくさん上がっていくものが見える。
人だ！
頭と肩の部分が白くシルエット状に見える（薄暗い空を背景に）。
数十、あるいは数百人はいる。
暗い空の上空が丸く明るくなっていて、その方へみな向かっていくのだ。
自分もいっしょに上がっていく。どこまで行くのだろうか。
少し人数が減ったようだ。途中の「信念に基づく世界」に行ったのか。
さらに上がっていく。

別の場所に出た。

そこには数百人から千人ほどの人が所狭しと集まっていた。

前方の方へ行くと、人ごみはみな右手のステージの方を見ているのがわかる。

そこには人が何人かいてみなに説明している様子だ。

喜んで両手を挙げている人が何人も見える。

音声ガイダンスの指示でその場から離れなければならない。

徐々にその場から後ろへ遠ざかっていく。離れるにつれ、この人たちのいた場所は山の斜面の一部がテラス状になった部分だとわかった。万歳をしている人が何人も見える。その場はどんどん小さくなっていった。

第４章　死後どこへ行くかを何が決めるのか

人は死後さまざまな世界に行くが、どこへ行くかを何が決めているのだろうか。何か法則があって自動的に振り分けられるのだろうか。それとも自分の意思で行き先を選べるのだろうか。「光あふれる世界」へ行きたいと思ったら、みなその世界へ行くことが可能なのだろうか。

こういった問いについての答えを得るために、極端な例から見てみよう。

自殺者はどこへ行くのか

まず自殺した人がどこへ行くのか見てみたい。

答えを言うと、自殺した人は一つの決まった世界へ行くわけではない。「囚われの世界」に行く場合もあるし、「信念に基づく世界」に行く場合も、「光あふれる世界」へ行く場合もある。

こう聞くと、少し意外に感じる人もいるかもしれない。が、現実はそうなのだ。みな地獄に行くとか、そういうことはない。いろいろなケースを紹介しよう。

まず、「囚われの世界」にいる例を紹介する。

自らの存在を否定して、姿を消してしまいたいと願って自殺した人は、その願いどおりになっている。つまり、死後、一か所にじっと動かずに隠れていて、ほとんど何も考えていない。

死後世界で自殺を繰り返す人もいる。たとえば、崖から飛び降り自殺をした人が、死んだ後に何度も崖から飛び降りていることがある。死んだはずなのに、まだ生きているように思えるので、おかしいなと思って、何度も自殺を繰り返すのだ。

借金苦から自殺した人で、死後も借金取りから逃げ回っている人もいる。そのため、人の来ないようなところにいつまでも隠れている。

何らかの深い罪の意識から自殺した人の場合、その思いを持ったまま、暗いところに一人ぽつねんといつまでもいる場合がある。その思いの中にどっぷりと浸かっているのだ。

以上の例は、「囚われの世界」にいる例である。ここに共通するのは、生前の思いをそのまま引きずっていることだ。

それに対して、死ぬことでさっぱりして、生前の苦しみから自由になる人もいる。

そういう人の場合は、生前持っていた価値感や信念、考え方、趣味が前面に出てきて、「信念に基づく世界」へ引き寄せられていく場合もある。

死後について特定の考えを持っていると、それに一致するところへ行くことが多い。たとえば、死んだら墓の下にいると思っている人は、本当に墓の下にいる。死後は無だと思っている人は、真っ暗な中に一人ぽつねんといる。死んだらお迎えが来ると思っていると本当にやってきて、いっしょに「光あふれる世界」へ行く。

後でお話しするが、お迎えのヘルパーたちは死んだ人の全員のところにやってきて、その後もいっしょにいるのだが、ほとんどの人がそれに気がつかない。気がついた人は「光あふれる世界」へ行くことができる。

それまでの苦しみから解放されたことで意識が広がり、普通の人が死ぬ場合よりもヘルパーに気がつきやすいということもあるようだ。

このように自殺したからといって、ある特定の世界にみな行くということではない。キリスト教では自殺者は永遠に地獄に堕ちると言うが、そういう現実はない。そもそもキリスト教で言うような意味での、サタンが支配するような地獄は存在しないのだ。

以上から、自殺者の場合、死後どこへ行くかについて、以下のことが言える。

・生前の思いをそのまま引きずっている人は「囚われの世界」へ。
・それから自由になった人は、生前持っていた価値感や信念、考え方、趣味が前面に出てきて「信念に基づく世界」に行くか、お迎えのヘルパーに気がついて「光あふれる世界」へ行く。
・死後について特定の考えを持っていると、それに一致するところへ行く。

人を殺した人は死後どの世界へ行くのか

それでは次に人を殺した人の場合を見てみよう。

この場合も自殺者と同じで、「囚われの世界」に行く場合もあるし、「信念に基づく世界」に行く場合も、「光あふれる世界」へ行く場合もある。

死後も怒りや恨みの気持ちがおさまらずにいる場合は、ひとり暗闇の中で怒ったり恨んだりしている。その思いの中にどっぷりと浸かっているのだ。

人を殺したが捕まらずに逃げ回っていた人の場合は、死後もひっそりと隠れるようにしている。

人を殺したら死後に恐ろしい罰を受けると恐れている人は、死後、罰を受けないように逃げ回るか、あるいは、罰を受けるという恐れの中にいる。

以上は「囚われの世界」である。殺したことにまつわる感情にいつまでも囚われている場合である。

それに対して、人を殺すことを何とも思わず、それが楽しみであるような人は、そういう人が集まっている世界へ引き寄せられていく。そこはみなが互いに殺し合うような世界だ。そこはある意味、地獄のような世界だと言える。

今では冷静になっている場合は、生前持っていた価値感や信念、考え方、趣味が前面に出てきて、「信念に基づく世界」へ引き寄せられていく場合もある。お迎えに来たヘルパーに気がついて、「光あふれる世界」に行く場合もある。

死後について特定の考えを持っていると、それに一致するところへ行く。

以上から、人を殺した人の場合、死後どこへ行くかについて、以下のことが言える。

・殺したことにまつわる感情をいつまでも抱いている場合は、「囚われの世界」

へ。

・人殺しが趣味の人は「信念に基づく世界」へ。

・今は冷静な人は、生前持っていた価値感や信念、考え方、趣味が前面に出てきて「信念に基づく世界」に行くか、お迎えに気がついて「光あふれる世界」へ。

・死後について特定の考えを持っていると、それに一致するところへ行く。

悪いことをした人は罰せられないのか

人殺しを犯した人でも「光あふれる世界」へ行かれるのはおかしいのではないか、何らかの罰を受けないのか、と不思議に思うかもしれない。

このことを説明するために、まずあの世とこの世に通用する原理についてお話ししたい。

それは、**「自分が発したものを自分が受け取る」という原理**である。自分の行ないが、いずれ自分に形を変えて返ってくると意味である。ここで、行ないには体での行ないだけでなく、言動や心で何を思うかということも含まれる。「天に唾する」という言葉と同じである。仏教の因果応報も同じことを言っている。

因果応報とは、善いことをすれば善い結果（報い）を得、悪いことをすれば悪い結果（報い）を得るということである。

ただし、これは罰を受けるということではない。因果応報という言葉には、そういう意味合いが含まれてしまっているが、もともとはそうではなかったはずだ。

この原理の本来の目的は、自分が体験する内容を見て、自分の行ないの軌道修正をしていくことである。たとえば、何か悪い体験をしたら、それはどこかで何か悪いことをしたに違いないと反省し、以後の行動を慎むのである。そういうふうに気づくための原理である。けっして人を罰するためのものではない。

この原理は自動的なもので、物理学の原理のようなものだ。閻魔大王や神がいて、人の行ないを裁いたりするものではない。

さて、ここまで読むと、人を殺した人は当然の結果として死後に悪い世界に行くと考えるだろう。

ただ、ここで一つ重要な点がある。それは、何かを行なってからその結果が自分に返ってくるまでに時差があるということだ。すぐに結果が返ってくるわけではない。場合によっては何十年も経ってからとか、さらに別の人生で返ってくることもある。返ってこないわけではないが、時間がかかることもあるのだ。

だから悪いことをしても、すぐにはその結果が来ない場合がある。それは生きている間も死後も同じだ。人を殺したからと言って、その結果が死後すぐに表れて、みな同じような恐ろしい世界に行くわけではない。

いずれ何らかの結果を得ることになるのは間違いないが、死後に行く世界が必ずしもそれで決まるということではないのだ。だから、人殺しをした人でもいろいろな世界に行っている。

もちろん、人殺しをした人の中には死後、苦しみの中にいる人もいる。互いに殺し合う世界にいて、戦々恐々としてる人もいる。

罰せられないのは不公平ではないか

これについてはすでにお話ししたが、自分の行ないの結果（報い）はいずれ自分にやってくる。それが死後に行く世界という形で表れなくても、いずれは必ず結果として自分に戻ってくるのだ。だから、不公平ということはない。

この原理は自然の原理なので、例外はない。非常に公平な原理で、厳粛に守られている。

普通の人はどこへ行くのか

それでは次にごく一般の人はどこへ行くのか見てみたい。

答えから言ってしまうと、自殺者や殺人犯と同様、すべての世界へ行っている。

どういうふうに振り分けられるのかというと、これまで見てきた場合と似ていて、まとめるとこうなる。

・ある一つの思いを抱いている場合は、「囚われの世界」へ。
・特定の思いを抱いていない場合は、生前持っていた価値感や信念、考え方、趣味が前面に出てきて「信念に基づく世界」に行くか、お迎えに気がついて「光あふれる世界」へ。

・死後について特定の考えを持っていると、それに一致するところへ行く。

問題はどういう人が一つの思いを抱くようになるのか、どういう人が抱かないのか、その差は何かということである。

それについてのヒントを与えてくれそうなケースを見てみることにする。

スコットの例

ブルース・モーエンの『死後探索2　魂の救出』（ハート出版）の第6章「殺されたスコット」に興味深い例が出ている。以下に関連する部分を要約する。

これは「囚われの世界」にいる人の場合だ。

スコットはレストランのマネージャーだったが、強盗に射殺された。結婚からまだ2、3か月しか経っていなかった。彼は残した妻のベヴのことが心配だったので、死後すぐにそばにやってきた。

スコットは彼女の悲しみを慰めたいと思い、そばに寄り添っていれば、彼女が悲しみを乗り越えられるだろうと考えた。

ところが、そうしているうちに、スコット自身がベヴの悲しみに捕えられ、ベヴと同じくらいの悲しみを感じるようになってしまった。これが彼の思考をひどく曇らせてしまった。その結果、殺されて何か月も経つうちに、スコット自身が悲しみの中に閉じ込められてしまったのだ。

死んですぐにはこれまでどおりに考えられるのだが、執着する対象のそばにいるうちに、その影響を受けて思考停止状態に陥ってしまう。そして、その状態にいつまでもい続けることになる。

ここで強調したいのは、死んだ直後には冷静な思考ができているという点だ。その後にある対象のところに行こうという判断をして、そこへ行っている。さらに、行ったところで影響を受けて、思考停止に陥っている。

この流れは一般化できそうだ。

〈ケースA〉

① 死後直後は冷静な思考が可能。

② どこへ行くか判断する。行先は執着の対象か、興味のある信念なのかで変わる。

③ そこへ移動。

④その場所の状況によるが、執着する対象に取り込まれれば、「囚われの世界」にい続けることになる。ひとつの信念に凝り固まった世界であれば、同化し、それ以外のことが考えられなくなる。

「囚われの世界」にいる場合でも、突然の事故で死に、そのまま事故現場に閉じ込められている場合は、この例とはかなり異なる。

彼らは自分が死んだことに気づいていない。死んだときの状況をそのまま思いが作り出している。

この流れを一般化すると、こうなる。

〈ケースB〉

①死んだことに気づいていない。

②死んだときの状況を思いがそのまま作り出し、その中にいる。
③そのまま思考停止状態にいる。

「囚われの世界」と「信念に基づく世界」にいる人は、以上のいずれかのケースに当てはまるように思える。

ただし、モンローは最初の著作である『ロバート・モンロー「体外への旅」』p165に次のように述べている（訳にわかりにくい部分があるので、原書に戻り、翻訳を一部書き換えてある）。

＊＊＊＊＊＊＊＊＊＊＊＊＊＊＊＊＊＊＊＊＊＊＊

死後世界では、自分の内奥に常にある欲求（motivations）や感情、自我の衝動といったものの中で、最も持続的で強いものが前面に出てきて、自分の行き先を決めてしまう。

＊＊＊＊＊＊＊＊＊＊＊＊＊＊＊＊＊＊＊＊＊＊＊

ここで、Motivationsという言葉の意味は辞書では、やる気とか意欲、動機だが、それだと少しわかりづらい（本の訳では「やる気」となっている）。何か特定のことをやりたいという強い思いという意味だと思うので、ここでは欲求と訳した。

つまり、無意識レベルにある欲求や感情、衝動というものの中で一番強いものが主導権を握り、死後どこへ行くのかを決めてしまうということである。

ケースAのような冷静な判断をする時間がない。

これをケースCとする。

〈ケースC〉

① 自分の無意識にある欲求や感情、衝動というものの中で一番強いものが前面に出てくる。

② それに導かれて行く。行先は「信念に基づく世界」の中のひとつ。

③ その場所に同化し、それ以外のことが考えられなくなる。

これはモンローが最初の本を書いたころまでの、モンロー自身の体外離脱時の体験を元にして導いた結論である。肉体から抜け出た直後の状態では、頭でどこかへ行こうと考えていても、無意識レベルにあるものが勝手に行先を決めてしまう。そういう体験に悩まされたということだ。

だから必ずしも実際に死んだ人を観察して導いた結論ではない。

モンローは次第にこの無意識レベルから湧き上がってくる欲求を回避する方

法に気づき、それを実行するようになる。その方法とは、先延ばし策である。欲求を一時的に棚上げにするということである。将来実現させることを約束すれば抵抗に合わないとのことだ。

死んだ人の場合でも、スコットがそうであったように、必ずしもモンローが言うように無意識に支配されてしまうわけではない。

このように死後に「囚われの世界」や「信念に基づく世界」へ行く場合には、以上の3つのケースがあると考えられる。

光あふれる世界へ行く場合

それでは「光あふれる世界」へ行く場合はどうなのだろうか。

この場合は二つに大別できる。

(1) あの世のヘルパーに導かれる場合

死に際にお迎えが来るというのは本当である。あの世のヘルパーと呼ばれる人たちがいて、死んだ人を「光あふれる世界」へ導いていこうとしている。彼らは死んだ人より先に亡くなった肉親や知人である場合もある。ヘルパーがそういう人にふんしていることもある。ヘルパーが宗教上の聖人の姿をとって現れることもある。

いずれにしろ、死んだ人には必ずヘルパーが迎えに来る。これには例外がない。すべての人のところにヘルパーが来るのだ。このことは強調して強調しすぎることはない。

問題は死んだ人が彼らに気がつくかどうかだ。気がつけば、彼らといっしょに「光あふれる世界」へ行くことができる。

どういう人が彼らに気がつくのだろうか。

まず、迎えが来ることを知っている人、期待している人は気がつきやすい。意識をそちらへ向けるからだ。

逆に迎えが来ることを知らずに、意識が他のほうに向いている人は彼らに気づきづらい。たとえば、意識が自分の内面に向いている人やこれまでに生きていた物質世界に向いている人は、彼らがすぐそばにいても気がつかない。

同じことは死んでからだけでなく、生きているときにも言える。

銀座の街角で誰かと待ち合わせている人は、キョロキョロして相手のことを探しているので、遠くからでもすぐに見つける。

それに対して、携帯を見ていたり、考えごとをしていたりすると、目の前に来ていても気がつかないことが多い。自分だけの世界に没頭して、まわりに注意が向かないからだ。

迎えが来るということをありえないことと否定している人は、せっかく知覚できても、それを打ち消してしまうので、彼らに気づけない。

迎えが来るということを知らなくても、迎えに来たヘルパーに気づく人もいる。

そういう人に特徴的なのは、意識が自由になっていること。自分の思いや地上世界のことに囚われていない。意識が外に向いているのだ。そのため、まわりの様子が知覚できて、やって来たヘルパーにも自然に気がつく。

銀座の例で言えば、携帯を見たり考えごとをしないで、まわりの様子を見ている人は通りかかった友人に気がつくものだ。友人に出会うことを期待していなかったとしても、気づきやすい。

まれに、特にキリスト教徒に多いのだが、迎えに来た人を悪魔の手先だとか死神だと思い込み、追い払ったり、彼らから逃げ回ったりする人がいる。こういう場合はせっかく気がついたのに、いっしょに「光あふれる世界」へ行くことはできない。

（2）自力で行く場合

ヘルパーの手助けを借りずに、自力で「光あふれる世界」へ行く人もまれにいる。

こういう人たちは生前から死後世界についてのしっかりとした知識を持った人で、「光あふれる世界」へ行こうと思っている人である。

「光あふれる世界」に対するある程度のイメージを持っていることも必要だ。

それと同時にさまざまな思いや信念に囚われず、自由になっていて、物質世界への未練や執着もない。一つの思いの中に没頭していることもない。

こういう人は他の世界に引き寄せられることなく、まっすぐに「光あふれる世界」へ行くようだ。

以上から言えるのは、ケースAの場合、死んですぐ後の冷静な判断ができる段階で、お迎えの人たちを探し、見つけることができれば、「光あふれる世界」へ行くことができるということだ。

あるいは、「光あふれる世界」へ行こうと思えば、そうなる可能性がある。お迎えが来るということや、「光あふれる世界」があるということを知らないから、「囚われの世界」か「信念に基づく世界」のどこかへと行ってしまうわけだ。

そういう知識さえあれば、状況はがらりと変わりうる。

死後に「光あふれる世界」へ行くには

以上のことから自ずとわかるが、死後に「光あふれる世界」へ行くには、お迎えの人たちがやってくることを確信し、彼らに気づくというのが最も確実な方法である。

お迎えが来るということを知っているだけで違いが出る。お迎えに気づきやすくなるからだ。

だから、ぶっつけ本番で死ぬ際に何とかなると考えて、今から何も準備をしておかないというのもありだと思う。

ただ、死んだときに本当にお迎えの人に気づけるか心配な人もいるだろう。そういう人はぜひ次の章でお話しするガイドと生きているうちにつながる練習をしておくといいだろう。

ヘミシンクを使って死後世界を生きているうちに体験して、「光あふれる世界」へ自在に行けるようになれば、さらに安心だと思う。次の次の章でその話をしたい。

第5章　普段からガイドに気づき、つながる練習を

それぞれの人には生きているときからガイドと呼ばれる非物質の存在が数名ついている。

普段からガイドに気づき、つながる練習をしておけば安心できる。ガイドがそのまま「光あふれる世界」へ導いてくれるからだ。あるいは、お迎えの人に気づきやすくなる。

彼らの役割は私たちを導くことだ。気づきやひらめきという形で私たちに情

報を伝えてくれることもある。ほとんどの人は彼らの存在に気づいていないが、必ず全員に複数のガイドがついている。

ガイドの姿かたちはガイドにより千差万別である。

人の姿をとる場合もあるが、その場合でも宗教上の神や仏、菩薩、聖人、賢者、ネイティブ・アメリカンの酋長という姿のこともある。

たとえば、釈迦や観音菩薩、大日如来、風神、雷神、龍神、大天使ミカエル、マリア、キリストなど。

そういう偉い存在ではなくて、ごく普通の人や子供のこともある。

アクアヴィジョン・アカデミーのトレーナーをしてるヒロさんのガイドは高橋さんというガテン系の人だ。

ガテン系という言葉を知らない人もいるかと思うが（実は私も知らなかった）、辞書によると、「建築・土木関係や製造業など、肉体労働を主とした職種。

また、そういった職に就いている人。かつてあった求人情報誌の誌名から」（デジタル大辞泉より）とのことだ。高橋さんは軽トラでやってくるそうだ。

と、こういうラフな感じのガイドもいる。

亡くなった家族や知人がガイドという人もいる。

人ではなく、犬、フクロウ、馬、イルカ、インコなどの動物の姿の場合もある。こういう姿をとっているからと言って、知能が低いということではない。

以前セミナーに参加された方が、「犬が私のガイドらしいんですけど、犬じゃ頭良くないからだめでしょ」と言われたことがある。

こちらがなじみやすいように犬の姿をとっているだけで、本質は高次の生命体なのである。ここを誤解しないようにしたい。

これもセミナー参加者のガイドの話だが、信楽焼のたぬきがガイドという人がいた。「私のガイドさんは足がないんで歩けないんです。だからいつもおぶってるんですよ」とのこと。

今までで一番ユニークで記憶に残っているのは、カツラだろう。「カツラが出てきて、私があなたのガイドですって言うんですよ。ビックリしました」

単なる光の点、光の流れ、渦巻き、虹、幾何学模様ということもある。いわゆる光の存在と呼ばれるような光り輝く球ということもまれにあるが、臨死体験者が報告するほどの頻度ではない。

姿は見えないが、声が聞こえるとか、考えが伝わってくる、存在感が感じられるということもある。

私の場合、ヘミシンクを聴きはじめたころのことだが、ガイドが来ると頭の上がやたらまぶしくなるということがあった。真っ暗なのに目を閉じるとまぶしいのだ。次第にこれはガイドがいる合図だとわかった。

同様に、青い光の輪が目の前に現れて、輪の直径が急速に小さくなり（あたかも上空へ去っていくような感じ）、また次の輪が現れて、小さくなるということを繰り返すことがあった。これもガイドが存在を示そうとしていたのだと思う。

最近ではめったに姿を現すことはない。ほとんどの場合は、心の中での会話である。それもガイドの考えが自分の考えとして湧き上がってくるという感じだ。

姿かたちはさまざまにせよ、各自には必ず複数のガイドがついている。ガイドがいないという人はいない。

ガイドの特徴の一つとして、無条件の愛の心を持っているということがある。ガイドはすべての人を救いたいと思っている。罪を犯したから救わないとか、罰を与えるということはない。そうだとしたら無条件ではない。

生きているうちにガイドとつながる

実際のところ、ガイドは常に私たちのそばにいるのだから、生きているうちからその存在に気づくことはできる。

そのための練習を普段からしておけば、今から安心できる。

それではどうやって練習するかだが、詳しくは拙著『激動の時代を生きる英知』（ハート出版）に譲るとして、ここでは簡単にお話ししたい。

〈メッセージに気づく〉

まずは、ガイドからのメッセージに気づくということから始める。

これまでに、次のような経験はあるだろうか。

・胸騒ぎが当たった。

・何となくこうしたほうがいいなという気がしたので、それに従ったら、うまく行った。
・悩み事があり、入った本屋でたまたま手にした本を開いたら、そこに答えが書いてあった。
・こういう出会いがあればいいなと思っていたら、本当にそういう出会いが実現した。

こういったことはガイドがアレンジした可能性が高い。

実はガイドからひらめきや直感、胸騒ぎという形でメッセージが届くことがよくある。まずはそれに気づくことが第一歩だ。気づかない人が多いので、気づくことが大切である。

どうやって気づくかというと、それは常日頃から、そういうことの可能性に心を開き、ふと心に沸いてくる思いや目にした物に意識を向けるしかない。

問題は多くの人はたとえひらめきや直感、胸騒ぎに気づいても、それを無視するか、論理的に考えた末に否定するのである。

たとえば、朝、家を出るときにかさが必要になると直感したとしても、「天気予報が今日は一日良い天気だと言ってたな」と思って、その直感を否定してしまう。論理的な思考が直感に勝ってしまうのだ。

直感ひらめきを右脳の作用とすれば、論理脳である左脳が支配的だとこういうことになる。

それではどうやってひらめきや直感に従えるようになるのか。

それは簡単だ。一度従ってみればいいのだ。ひらめきや直感が来たときに、論理的に考えることを止めて、ひらめきや直感に従ってみる。その結果がどうなるか観察してみるわけだ。それでうまく行けば、少し信じられるようになる。

うまく行かないときもあるだろう。そのときはひらめきが当たったときのひらめきとどう違ったか思い出してみる。「雑念が多かった」とか、「考えちゃったな」とか、いろいろわかるはずだ。そうすることで、ひらめきの中で本物と偽物を峻別できるようになる。

一つ例を挙げる。

私は車で高速道路を走ることが多い。自宅のそばの東関東自動車道はすいているので、飛ばすことがある。

その日も一番外側のレーンが空いていてアクセルを踏み込みそうになったが、気乗りがしなかった。しばらく中央のレーンを入っていると、右のレーンを猛スピードで駆け抜けていく車があった。

すると、私の車の数台前に覆面パトカーがいて、すぐにサイレンを鳴らしてその車を追っかけて行った。

何となく気乗りがしなかったことが功を奏した結果になった。これもガイドがメッセージを送ってくれたからかもしれない。

このように胸騒ぎだけでなく、気乗りがしない、腰が重いというのもメッセージの可能性がある。

車の運転をしてるときは、直感やひらめきを試すのに絶好の機会だ。

たとえば、2ないし3レーンの高速道路を走っていて、前方に渋滞があり、だんだん速度が遅くなってきたとき、どのレーンを選択すれば一番速く行けるか、直感で決めるのである。その際、今までの経験はすべて忘れたほうがいい。

私は自宅から東関東自動車道、湾岸、首都高を通って東京都内へ行くことが多い。

経験則はリムジンバスが選んだレーンを行くこと。リムジンバスは連絡を取り合っているようで、たいてい一番速いレーンを行く。

だから通常は経験則に従ってリムジンバスを追う。

ところが、この経験則に従おうとすると、まれに直感が「従わないほうがいいんじゃないか」と言ってくることがある。

それを無視すると、先のほうで新たに起こった事故があったりして、選んだレーンが遅いことがある。リムジンといえども起きたばかりの事故の情報はもらってないのだ。

こういうふうに直感に従う練習はできるだけ日々楽しみながらやるといいと思う。

〈質問し答えをもらう〉

次に質問をして答えをもらうという練習を行なう。これはもっと意図してガイドとつながろうとするわけだ。

たとえば、目を閉じて瞑想をしたり、ヘミシンクを聴いたりして、静かな心境になる。そして、あらかじめ考えておいた質問を思い出し、心の中で問いかける。

そしてリラックスして答えに気づく。

答えはさまざまな形でやってくる。

① 答えが心に浮かんでくるとか、心の中で誰かの声が答えを言ってくれるということもある。

② イメージや絵、映像、象徴としての何かの図柄や色というように何かが見えるという形で来ることもある。

③音が聞こえる、曲が聞こえるということもある。
④体の一部が動くとか、エネルギーが流れる。

②〜④はその場で意味がわかる場合と、しばらくしてわかる場合とがある。すぐ意味がわかった例としては、こういうのがある。質問したら、すぐにニコニコ・マークが見えたので、OKという意味だとわかった。

「ピンポーン」という音が聞こえたので、正解だとわかった。

こういうのはわかりやすくていい。

少し時間がかかった例として、たとえば、フランシーン・キングというモンロー研のトレーナーの話だが、あるとき何か質問したら、心の中に曲が聞え出した。「何の曲だろう、聞いたことがある曲だけど」と思って、その曲の歌詞を口ずさんでいると、その歌詞の文が答えだとわかった。

このように意味がわかるまで、ワンクッション必要なときもある。ガイドはダジャレや言葉遊びが好きなようで、答えの意味がわかって大笑いしたという人が多い。

次の話は私がセミナーで紹介することが多いので聞いたことがある人もいるかもしれない。

２００１年のことだ。４月にゲートウェイ・ヴォエッジという入門コースに参加するために初めて米国のモンロー研究所を訪れた。そこで素晴らしい体験をしたので、６月にはライフラインを受けに再度訪問した。

そして９月末にはエクスプロレーション27というプログラムに参加するために再び渡米する予定になっていた。

ところが９月11日に同時多発テロが起こった。モンロー研は首都ワシントンで国内便に乗り換えていく。

ワシントンはペンタゴンがあるところで、同時多発テロでは1機ペンタゴンに突入していた。なので、モンロー研に行くのは大丈夫なのかという思いが出てきた。どうしようか悩んだ末、ガイドに聞いてみることにした。

ヘミシンクを聴いて、質問する。

「行っていいですか?」

するとと、滑走路が見えてきた。飛行機が走りだし、やがて離陸した。

「そうか、行っていいんだ」

ところが、飛行機はすぐに着陸した。

「え! だめなの」と思っていると、また離陸する。と思いきや、また着陸する。そういう映像がずっと見えているのだ。なんでこういう映像が見えるんだと思い、いいかげん頭に来て、思わず、「なんでこんな映像(が見えるんだ!)」と口走った。その瞬間、意味がわかった。

「行ってええぞう」ってことね。

9月28日の成田発ワシントン行きの全日空NH02便は2割しか人が乗ってなくて、快適な空の旅を満喫できた。ワシントン空港は自動小銃をかかえた軍人ばかりが目についたが、何ごともなくプログラムに参加して帰国することができた。ガイドのメッセージは正しかった。

こういうダジャレは当人しかわからないということも多い。当人が納得できれば、それでいいのである。

答えはその場で来るとは限らない。しばらくしてから来ることもある。たとえば、テレビを付けたら、そこに出てきた人が答えを言ったとか。これは実際にあった話だ。

電車の中で目の前に座っている人が新聞を大きく開いているので、何気に見たら、そこに答えが載っていたとか。これも実際にあった話だ。

シャワーを浴びていたら答えがひらめいたとか。トイレや風呂でひらめくということはよくある。質問した直後に答えをもらおうとしても、その段階ではがんばりすぎていて、うまく答えがつかめない。それがシャワーや風呂でリラックスしていると答えが来るのである。

ガイドに質問して答えをもらうという練習をしていくと、こちらの想像を超えた形で答えがやってくることがあり、なんだかワクワクした気分になってくる。

ガイドとのつながりをしっかりしたものにしていく上で、ワクワク感は重要な要素である。この練習を楽しむことが、うまくなるコツだと思う。

〈質問する場をイメージする〉

ガイドとつながりやすくするためのツールとして、特定の場所をイメージするというやり方がある。毎回そこをイメージして、そこで質問するというふうに習慣化するのである。

特別な場所はイメージしやすいところであればどこでもいい。

たとえば書斎。そこに携帯やパソコンがあり、メールで質問を送ると、答えがメールで返ってくる。

直接ガイドに会いたいという方には、応接間。テーブルがあり、ソファがある。自分がソファに座っていることを想像し、向かいのソファにガイドに来てもらう。質問して答えをもらうことを想像する。

ドーム状の部屋。白いカーペットが敷かれていて、まわりにくるりと一人がけのソファが並んでいる。そのひとつに座って待っていると、ガイドたちがやってくる。映画「スターウォーズ」のエピソード1～3に出てくるジェダイ・カウンシルの部屋のイメージだ。

ピラミッドの形をした神殿。その内部にある秘密の部屋に行き、そこで会う。

小型宇宙船。コックピットに座っていると、隣りにガイドがやってくる。

部屋である必要はない。南洋のビーチに白いパラソルとテーブル、イスが2脚あると想像する。その一つに座り、アロハシャツを着てトロピカルジュースを飲んで待っていると、ガイドがやってくる。

イメージだけでなく、雰囲気とか、香りもいっしょに想像する。たとえば、南洋のビーチの例では潮風が吹いていると想像する。そうするとそこへ行きやすくなる。

人によっては、光景をイメージすることがうまくできない人もいる。何を隠そう実は私もイメージするのはあまり得意でない。何を想像しても、そのイメージが出てくることはまずない。

だから、特定の場所というよりは、特定の雰囲気の空間を想像する。たとえば、優しい癒しのエネルギーがいっぱいの空間とか、どこまでも広がる真っ暗な空間とか、重々しい空間とか、透明度が高く自分が賢くなった感じがする空間とか、精妙で振動数が高い空間とかである。

肝心なことは楽しむこと。想像を膨らませること。

ガイドに質問するときに毎回この場所をイメージして、そこに行くようにする。そうすると、簡単にガイドとつながれるようになる。

〈ガイドとの会話を想像する〉

特定の場を想像しガイドと会ったら、次に会話を想像する。

初めはまったくの想像でいい。

ガイドに名前がある場合は、名前を呼ぶことから始める。私の場合は最近はサディーナという女性のガイドと会話することが多い。

「サディーナ、こんにちは」と呼びかける。すると、

「あら久しぶりね。もっと頻繁に意図して会話したほうがいいですよ」

「最近ちょっと本を書くのに忙しくて、そちらに意識が向かなかったんです」

「でも、こちらからはいろいろアドバイスをしていたんですよ」

「え！　知らなかった。というか、思い出しました。いろいろ質問を投げかけては、答えをもらってましたね。あまり意識してあなたに質問していたことはなかったんですが」

「そうでしょう。最近、質疑応答がけっこう自動化していて、ガイドに聞いて答えをもらってるのか、自分の中から答えが出てくるのか、区別をしなくなってますよね」

「確かに、そうです」

「同じことですから、それでいいんですよ」

「はい、わかってます」

と、こんな具合だ。

うまくつながると、流れるように会話が続く。

ただ基本は質疑応答だ。こちらから質問し、答えをもらう。キャッチボールをやる。初めはゆっくりでかまわない。そのうち自然な流れになる。

リラックスすることが重要なので、私はお風呂に入っているときにやることが多い。

ただ、会話は得意な人とまったくできない人といる。得手不得手があるようだ。会話が得意な人は少数派で全体の1、2割程度だ。残りはイメージ派で、イメージを想像するほうがうまい。

私はあまりイメージは出てこないが、代わりに心の中に文がつらつらと浮かんでくる。
自分の考えのように浮かんでくる。それが声を伴うこともあるが、普通は声は聞こえない。

〈なりすましにご用心〉

ときどきガイドに「なりすます」者がいるので注意すること。
何かの存在とつながるようになって、それが本当にガイドなのかどうか心配になったら、次をチェックするといい。

(1) その存在が言うことは、人を脅したり、怖がらせたりする内容かどうか。

「何々をしなければ、あなたの家族に不幸が来るぞ」などと人を脅すようなことを言う存在はガイドではない。

ガイドではない存在は10のことを言うと、その中に一つか二つ怖いことを紛れ込ます。残りはまともなことなので、信頼してしまうが、もし一つでもうさんくさいことを言うようなら信頼しないほうがいい。距離を置き、相手にしない。

(2) その存在の雰囲気に、どこか人を威圧するような感じはないか。

本物のガイドに威圧感を感じることはない。感じるとすれば、ガイドではない。

本物のガイドでも初めて会ったときに怖いと感じることがある。それはこちらが未知の者に対して自動的にそう感じるのであって、ガイドが怖い雰囲気を醸し出しているからではない。

だから怖いと感じるかどうかではなく、威圧感を感じるかどうかで判断するといい。

(3) 偉そうな雰囲気をもっているかどうか。

本物のガイドが偉ぶることはない。「わしは偉いんだ、わしのことを敬うように」などと言うのはガイドではない。

(4) こちらの我欲を満たそうとするかどうか。

本物のガイドはこちらの物欲や権力欲を満たすために、何かをしてくれたりしない。ガイドの存在を証明するために一度ぐらいなら、たとえば、「この株を買ったほうがいいですよ」と教えてくれることもある。ただ、それが続くようなら、ガイドかどうか怪しんだほうがいい。

よくあるのは、そうやって人の信頼を得ていき、そのうちその存在の思うようにコントロールされてしまうというケースだ。

こういう悪意のある存在はダークサイドの存在と呼ばれている。

物欲や権力を追い求める人がときどきこういう存在にひっかかり、その存在のしもべになってしまう。映画「スターウォーズ」に出てくるアナキン・スカイウォーカーがその典型例だ。

ガイドを使って金儲けしようとか、有名になろうとか考えないほうがいい。本物のガイドはそういう手助けはしてくれないはずだ。

第6章　ヘミシンクを聴いて死後世界に慣れておく

生きている間に死後世界を何度も訪れ、「光あふれる世界」に慣れておくと、死後にそこへ行けると確信できる。

ヘミシンクはそのために最適の技術である。ヘミシンクを聴くことで生きているうちに死後世界を探索することができるのである。

ただ死後世界を探索できるようになるには、その前に基礎的なことをしっかり学び、身に付けておく必要がある。

ヘミシンクはスキーやゴルフ、テニスなどのスポーツや習い事と似たところがある。基礎から順に学んでいくと徐々にうまくなっていく。初めからある程度できる人もいれば、初めはからっきしだめだが、何度も練習して上達する人もいる。練習すればするだけうまくなる。スランプもあるし、一気に進むときもある。

スポーツのレベルで言えば、死後世界を体験できるようになるレベルは、基礎を身に付けて、その応用もある程度やった人がチャレンジするレベルに相当する。中級ぐらいだろうか。

セミナー

スポーツで上達するには講習会に参加するのが一つの方法であるように、ヘミシンクもセミナーに参加すると上達しやすい。

アクアヴィジョン・アカデミーではヘミシンクを学ぶための基礎コースを含むいくつものセミナーを開催している。主として1日、2日のコースである。東京の神楽坂がメイン会場で、それ以外にも函館、東京（日本橋浜町）、静岡、名古屋、福井、大阪、広島、福岡、長崎でもアクアヴィジョン・アカデミーのトレーナーによって開催されている。

私はモンロー研の公認トレーナーとして、日本語でモンロー研究所の公式プログラムであるゲートウェイ・ヴォエッジやライフライン、エクスプロレーション27、スターラインズ、スターラインズⅡを日本で定期的に開催している。

これらはいずれも5泊6日のプログラムである。

ゲートウェイ・ヴォエッジは入門コースで、ここでヘミシンクの基礎と知覚が広がった状態、時間に束縛されない状態、「この世とあの世の境界」を体験する。

死後世界は次のライフラインに参加して初めて体験できる。
興味のある方は www.aqu-aca.com を訪れていただきたい。

CD

ヘミシンクはモンロープロダクツからCDという形で市販されている。これを聴けば自宅でヘミシンクを試すことができる。正規代理店であるアクアヴィジョン・アカデミーから購入可能だ。詳しくは右記ウェブサイトを参照していただきたい。

家庭で基礎から学ぶためのものに、**ゲートウェイ・エクスペリエンス**という6巻アルバムがある。1巻ずつバラでも購入できる。1巻あたりCDが3枚入っていて、全6巻でCD18枚になる。

このアルバムには薄いマニュアルが付属するのだが、内容的に十分でないので、アクアヴィジョン・アカデミーのトレーナーの芝根秀和さんと私でこの完全攻略本を出版している。『**ヘミシンク完全ガイドブック Wave I ～ Wave VI**』（ハート出版）である。

これを読めば、すべてのエクササイズをきっちり理解した上で体験できる。ゲートウェイ・エクスペリエンスは全6巻あるが、これはまだ基礎編である。死後世界を体験するには、この上の段階へ進む必要がある。実は、そこまで体験できるCDは、「**ゴーイング・ホーム**」というCDセットのみである。

元々は末期がんなど終末期の患者のために開発されたものだ。そのため、CDセットには患者用と書かれている。英語版では患者用セットのほかにサポートする家族のためのセットもある。そちらは患者用と重なるCDも多いので、日本語版は作られていない。

このセットは初歩の人が1から始めるように作られているので、ゲートウェイ・エクスペリエンスをやってなくても使えるようにできている。

これを聴き、練習を重ねることで死後世界を体験できるようになる。

ヘミシンクCDはさまざまな応用に用いることができる。そのため用途に応じていろいろなCDが作られている。今では全部で200種類以上が販売されている。

ガイドとつながるためのCDもある。代表的なところでは、**「内なるガイドにつながる」**。

ヒーラーにつながり癒してもらうためのCDに、**「内なるヒーラー」**。

これ以外にもメッセージをもらうためのものに、**「ザ・ビジット」**、**「モーメント・オブ・レバレーション」**。

先に紹介した「ゲートウェイ・エクスペリエンス」には、ガイドからメッセージをもらうためのエクササイズが入っている。それは4巻目のトラック2**「5

つのメッセージ」である。重要度の低いほうから順に5つメッセージをガイドからもらう。

ガイドに会うためのエクササイズも入っている。それは6巻目のトラック2**「非物質の友人」**である。

第Ⅱ部

これからの死後世界

第1章　死後世界が大きく変わろうとしている

私は本書で、これまでの死後世界の持っていた暗くて怖い世界というイメージはその一面しか見ていないということ、もっと明るい世界もあるということを強調してきた。

そのために、ここまで実際の死後世界の構造についてお話しし、「光あふれる世界」という素晴らしい世界があること、そこには誰でも行くことができるということを示してきた。

さらに、死後に「光あふれる世界」に行くにはどうしたらいいのかについてもお話ししてきた。

アセンション

実はもう一つ死後世界が明るい理由がある。

それは今、時代が大きく変わり始めているのだ。そのため死後世界が様変わりしつつある。ひと言で言うと、死後世界に光が入ってきているのだ。今まで闇に覆われていた部分に徐々に光が差し込み始めている。

アセンションという言葉を聞いたことがあるだろうか。その言葉で象徴されるのだが、人類全体、地球全体が今、一大進化のまっただ中にいる。人はこれまでの精神段階から一つ上の精神段階に上がっていく過程にあるのだ。これをアセンション（上昇）という。

その原因としてはさまざまな説があるが、ひとつは銀河系の中心部から地球へ大量の生命エネルギーが流れ込んでいるという説。生命エネルギーは現代科学では測定できないエネルギーだが、スピリチュアルな意味での光とか無条件の愛という言葉で表現できるようなエネルギーである。

重要な点はそれが人の意識の進化を促すということ。このエネルギーが入ることで、知覚が広がり、これまで気づかなかったことに気づくようになる。

これまでの段階を第3密度、一つ上の段階を第4密度と呼ぶ。両者には多くの違いがあるが、端的に言うと発想の元に何があるかの違いである。

発想の元

第3密度では、すべての発想の元に「恐れ」がある。それに対して、第4密度では「喜び」が来る。喜び、愛、思いやりがすべての発想の元にあるのだ。

この違いが社会、経済、政治などあらゆる面でまったく違った世界を作ることになる。

私たちはあらゆることを恐れ、心配する。自分や家族の死を恐れ、けがや病気、事故を恐れ、仕事での失敗を恐れ、信用を失うことを恐れ、失業を恐れ、不況を恐れ、会社の業績不振を恐れ、天候不順や天変地異を恐れる。

自分の抱える恐れをリストアップしたら、それはかなり長いリストになるに違いない。

日々の行動を振り返ってみると、いかに恐れに基づいた発想をしているのかわかる。たとえば、今私は必死になってこの原稿を書いているが、締切に間に合わないんじゃないかという恐れもある。

私は打ち合わせや電車の時間に間に合わないことを極度に嫌う。間に合わなかった場合にはけっこう自己嫌悪に陥ってしまう。

今までの人生で、乗ろうと思った電車に乗れなかったことは数えるほどしかない。これまで私の住んだところは郊外ばかりなので、電車は一本のがすと次まで最低十分、場合によっては何十分も待たなければならない。なので、朝の通勤通学では乗る電車をきちっと決めて駅まで歩く。そういうことを何十年もやったが、寝坊などで間に合わなかったということは記憶にない。

だから、時間にルーズな人と行動を共にすると、イライラがつのって大変なことになる。

どうしてそうまで厳格なのか、というと、たぶん父親の影響だと思う。父も私と同じように時間に対して厳格だった。ただ、私が何かに遅れて怒られたという記憶はまったくない。父の要求に問題なく応えていたからだと思う。ある意味、そういう点では良い子だったわけだが、その分、遅れることに対する恐れが身に付いたに違いない。

これ以外にも批判されることへの恐れ、失敗することの恐れなど、数えればきりがない。

こういう恐れがあるからこそ、がんばって仕事をしたりするのだが、それよりも楽しみながらワクワクしながら仕事をするときのほうが、はるかに創造性豊かなものを生み出せる気がする。

自分の一日を振り返り、行動の何割が恐れからで、何割が喜びからか見てみるのも必要かもしれない。

第3密度の私たちは、恐れを元にした発想をするということが実感できるはずだ。

ところで、今年度（2014年）のノーベル物理学賞を受賞した中村修二さんが「怒りが私の研究の原動力だ」と言われていた。

怒りの持つパワーは非常に強い。映画「スターウォーズ」ネタになって申し訳ないが、ダークサイドは怒りの力を使うのに対し、ジェダイは使わない。その分、パワーが出ない。

人はどういうときに怒るかというと、自分の思いどおりにならないとき、自分の権利が守れないあるいは攻撃されるときである。その裏には自我がある。自我が窮地に陥るとき、人は怒る。自己防衛本能が発動して怒るのだ。

そのさらに元には恐れがある。自我の存続が危ないと感じ、このままではやられてしまう、という恐れである。

つまり、彼の発想は恐れを元にしたもので、典型的な第3密度的な発想である。

それを良いとか悪いとか、ここで言うつもりはさらさらない。私たちはみな第3密度の世界で生きているわけで、その中で徹底的に第3密度を生きなけれ

第３密度	第４密度
大いなるすべてとのつながりが弱い	大いなるすべてとのつながりが強い
恐れが発想の元にある	喜びが発想の元にある
欲（第３密度的な信念）に支配されている	欲（第３密度的な信念）から離れている
喜びは続かず、苦しみ、悲しみ、怒りが多い	喜びと愛にあふれている
自己への愛（自己中）	他人への愛（思いやり、分かち合い）
自分が人生を創造してることに気づいていない	自分が人生を創造してることに気づいている
個別意識	個別意識と集団としての意識の両立
共時性（シンクロニシティ）が少ない	共時性（シンクロニシティ）が多い

ば、その先にも行くことはできないわけである。

生命エネルギーの源とのつながり

第3密度と第4密度で発想にどうしてこうも大きな違いが出てくるのか、不思議に思われるかもしれない。

違いが出てくる理由は、第4密度では先ほど言った生命エネルギー（無条件の愛）の源と自分のつながりが非常に強いのに対して、私たちが今いる第3密度ではそのつながりは弱いのだ。ほとんどないと言っていい。

ここで生命エネルギーの源という言葉が出てきたが、これは他のいろいろな言葉に置き換えることができる。創造エネルギーの源、大いなるすべて、一なる者、創造主など。

気をつけなければいけないのは、創造主という言葉は、特定の宗教の言うところの概念を想起しやすいということ。ここではそういう意図はない。

第4密度ではこの生命エネルギーの源とのつながりが強いので、心が常に愛情で満たされている。そのため、いつも喜び一杯になる。発想の元に常に喜びが来る。死後の自分の存続についても当たり前のことになる。

それに対して、第3密度では、生命エネルギーの源とのつながりが弱く、愛で満たされていないので、不安、恐れが心を支配している。発想の元に恐れが来てしまうのだ。

私たちの心は多くの恐れのために縮み上がり、言ってみれば、凍りついた状態にある。

そこへ、今、大量の生命エネルギーが入り込んできている。愛は氷を解かすという。

今年（2014年）、ディズニー映画「アナと雪の女王」が大ヒットしたが、その全編にわたって言わんとしていることは、真実の愛は凍りついた心を解かすということだった。

これは正しく今、私たちに起こっていることなのである。

凍りついた心が愛のエネルギーによって解けていくことで、徐々にさまざまな恐れから解放され、心が自由になる。

そうなると何ごとにも余裕が出てくる。他者へも心からの思いやりの気持ちを持てるし、自分だけ生き残ろうという第3密度的な考えはまったく出てこない。

そして、すべての恐れが手放されると、すべては喜びの心だけになり、第4密度になるのだ。

二極性

第3密度と第4密度の違いにはさらに二極性（あるいは二元性）の程度の差がある。二極性とは善悪、正邪、光と闇、自他、陰陽、勝敗、優劣、男女など、相反する二つの概念のことである。

第3密度では、世の中を二極性に分離して見る傾向が強い。それに対して、第4密度ではその傾向は弱い。第5密度で分離が完全に統合されると言われている。

例を挙げる。私たちは物事を見るとき、これは正しい、これは正しくないとか、これは善で、これは悪だというふうに判断する。たとえば、人殺しは悪だというふうに。

ただ、戦争で敵を大勢殺すと、勲章をもらい英雄とたたえられる。同じ人殺しでも、戦争だと善となる。

つまり、善悪の基準はあくまでも社会的なものだということになる。基準が何であれ、それに基づいて善悪に分けて見るということに変わりはない。

それが第4密度になると、善悪というふうに分けて見なくなる。

自分と他人に分けて見るのも第3密度の特徴だ。私たちはそれぞれが個別の肉体と個別の意識を持っている。

同様に第4密度でも個別の肉体を持っている。意識としても個別ではあるが、共有することも多くなる。意識が互いに共鳴して同じことをいっしょに感じたり、考えたりする状態である。自他の分離が第3密度よりも弱くなる。

第3密度の世界では、このようにすべてを二極化して見る傾向が強い。こういう枠組みの中で学ぶということだ。

自分が現実を作ることを自覚する

自分が体験する現実を自分が作っていることを自覚しているかどうかの差もある。

第3では自覚していないが、第4では自覚している。

第3密度の私たちでも本当は、自分の思うとおりに現実を創造しているのである。そういうと驚かれるかもしれない。ぜんぜん自分の思いどおりになんてなってないと。

この理由はこうだ。

人の意識は顕在意識と潜在意識に分けることができると言われている。顕在意識とは自分がしっかり自覚している部分であり、潜在意識とは自覚できていない部分である。

意識の9割は潜在意識だとする説がある。つまり、私たちが自覚している部分は全体の1割程度で、氷山の一角にすぎないわけだ。残り9割についてはまったく自覚できていない。

自分が自分の体験する現実を作るという場合、自覚できている顕在意識だけでなく、自覚できていない潜在意識の部分も含む。潜在意識が意識の9割だとすると、現実は潜在意識が作っていると言ってもいいくらいだ。

顕在意識で願うことと、潜在意識で願うことが必ずしも一致していないどころか、まったく逆の場合もある。多くの人にとって自分の夢がちっとも現実化しない主たる原因は、これである。

つまり、頭ではこうなってほしいと考えているのに、心の奥深くでそれを否定するような思いがある。それは、自分には無理だとか、そんなに現実は甘くないよとか、実現することに対する恐れとか、そういうもろもろの隠れた思いがある。そのため、夢は現実化しづらいのである。

それどころか、潜在意識の中に隠れている恐れや抑圧された感情などが現実を作り出すことも多い。

これに対して、第４密度の場合は、心の奥底まで生命エネルギー（無条件の愛）によって満たされているので、隠れていた恐れや抑圧された感情などは一切合切、癒され、解放されている。そういうものはすべてなくなっている。新たに生まれることもない。

つまり、潜在意識というものがなく、すべて顕在意識になっているのだ。だから、自分の思いが自分の体験する現実を作っているということが実感できるわけだ。

自然とのつながりを思い出す

自分が大自然の一部だと感じているかどうかの違いが第４密度と第３密度に

ある。

第4密度では生命エネルギーの源とのつながりが強い。それは言い方を変えれば、大いなるすべて、つまり大宇宙、大自然との一体感を持っているということである。

自分が自然と一つで、宇宙のすべてが自分だと感じられるのだ。それが心の底からの安寧をもたらしてくれる。

そのため、生き方がまるで違ってくる。

第3密度では自然はコントロールすべき対象で、搾取すべきもの。奪えるだけ奪う。必然的に自然破壊が起き、生態系はめちゃくちゃになる。気候変動、天変地異は必然となる。

それに対して、第4密度では自然との共存が重要視される。その結果、豊かな自然環境が維持され、気候も安定し、地震、火山の噴火、雷、暴風雨なども必要最低限しか起きない。起きたとしても穏やかなものとなる。

振動数の違い

第3密度の人と第4密度の人の違いは振動数の違いで表すこともできる。『バシャール×坂本政道』（VOICE）によれば、第3密度の振動数は6万～15万ヘルツ、第4密度は18万～25万ヘルツである。両者の間には移行領域（15万～18万ヘルツ）がある。ここでヘルツとは1秒間に何回振動するかという回数を表す。

第3密度の人と第4密度の人は、実はその肉体自体を作る物質も異なる。第3密度の人の肉体は第3密度の物質から作られているのに対し、第4密度の人の肉体は第4密度の物質から作られている。

第3密度の私たちが第4密度の生命体を見ると、光り輝いてはっきりと見えないか、半透明の存在に見えるということだ。握手をしても、互いに手が通り抜けてしまう。密度や振動数が違うということは、そういう違いとして現れるようだ。

地球外生命体の中には第4密度の生命体が多い。有名なところではバシャールがいる。オリオン座の方向にあるエササニという星の住人である。

第4密度の上の第5密度からは非物質の生命体になり、物質としての体を持たない。

アセンションについて詳しくは拙著『分裂する未来』や『激動の時代を生きる英知』（共にハート出版）を参照していただければと思う。

アセンションを経て、人類と地球は、恐れ、心配、不安に支配された世界から、喜びと愛にあふれる世界へと変貌していくのである。

人類の進化のプロセスが完了するには50年、１００年という年数がかかると言われている。

私たちは今こういう大きな変化の時代に生きているのだが、それは死後世界にも大変化をもたらしている。さらに、私たちの次の生の選択肢にも多大な影響を与えている。

「信念に基づく世界」と「囚われの世界」が縮小している

人類と地球全体が第4密度に上がっていく過程で、「信念に基づく世界」と「囚われの世界」は徐々になくなり、最終的には「光あふれる世界」しか存在しなくなる。

「光あふれる世界」以外は第4密度と相いれないからだ。

第4密度とはさまざまな信念や怖れから自由になった世界である。だから、「信念に基づく世界」と「囚われの世界」は第4密度では存在しないのだ。

実は今、「信念に基づく世界」と「囚われの世界」にいる人たちは多くのヘルパーたちの手助けによって続々と「光あふれる世界」へと導かれている。「信念に基づく世界」と「囚われの世界」に新たに入ってくる人たちも当然いるが、それ以上のペースで今出ていくので、これらの世界では人口がどんどん減少している。「信念に基づく世界」では、丸々一つの世界ごと「光あふれる世界」へ導かれることもある。

さらに、そもそも「信念に基づく世界」や「囚われの世界」へ行く人たちの数が減る傾向にある。その背景には人々の囚われや信念が減っているということもあるが、それ以上に、ヘルパーたちがあの手この手でこういう世界へ行かないようにしているということが大きい。

たとえば、「この世とあの世の境界」と「光あふれる世界」を直接結ぶ巨大な橋やエスカレータ、エレベータが作られている。途中の「囚われの世界」や「信念に基づく世界」が見えないようになっていて、そういうところへ引き寄せられないようにしている。

これまで地球は第3密度の状態に長らくいたので、「信念に基づく世界」や「囚われの世界」はその一部として存在して当然だった。そういうところにしばらく滞在することも地球生命系での学びの一環と見なされていた。

人が死後にどの世界へ行くかは、その人の自由意思に任されていて、ヘルパーたちも強引に「光あふれる世界」へ連れて行くということは差し控えていたように思う。

それがどうも最近は違ってきたのだ。

残された時間はあまりないというのが理由のようだ。地球全体が第3密度から第4密度へどんどん上がっていくので、それに見合った速度で「信念に基づく世界」や「囚われの世界」も縮小させていく必要があるということだろう。そのため、死んだ人はできるだけ「光あふれる世界」へ行けるようにしているようだ。

そういう背景もあるので、死んで、たとえこれらの世界へ行ったとしても、比較的早い段階で「光あふれる世界」へと進んでいくことが多い。

このように死後世界では今、構造改革が進行中で、いずれすべての闇が晴れ渡り、明るい世界のみになる。

ということで、これからの時代は今まで以上に死後は明るくなっていく。

地球生命系のルールが変わる

地球が第3密度の生命系から第4密度の生命系に変わっていくということは、地球生命系の根本ルールが変わることを意味する。

これまでのルールは、弱肉強食である。生き残り、子孫を残すことが至上命令である。このルールを徹底するために、死後世界と物質世界は完全に分断され、死後について一切わからないようになっている。死とは終わりを意味し、死は大きな恐怖である。

生き残りたいという強い思い（生存欲）からさまざまな欲が生まれ、人は飽くなき欲を追い求める。生き残るために他人とは熾烈な競争をする。

そんな中、人は欲が満たされると幸せを感じ、欲が満たされないと悲しみ、苦しみ、つらさを感じる。そして、他を恨み、憎み、ねたむ。

欲はめったに満たされることはない。たとえ満たされたとしても幸せは長続きしない。そういう中、人は幸せを求めて必死に生きる。

これが第3密度の地球である。

こう書いてみると、何でこういう苦しい世界にわざわざ入って来て、何度も生きているのだろうかと思ってしまう。

ただそう思うのは、何度も輪廻してきた身だからであって、つい最近までは、そうは思わずに、欲をとことん追求したいとか、こういう感情すべてをもっと味わいたいという強い思いを持っていたに違いない。そうでなければ、こんなに何度も生きてきたはずがない。それだけの価値と魅力が地球での体験にはあるのだ。

こういう第3密度に対し、第4密度のルールはまったく異なる。ルールは自分を愛し、他人を愛すること。

このルールの下では、死後世界と物質世界を分厚い壁で仕切る必要はまったくない。死を恐怖と感じさせる必要はないのだ。

ということで、これから死後世界と物質世界の間にある壁が薄くなっていく。

この世とあの世の間のベールが薄れる

今まではこの世とあの世の間には分厚いベールがかかっていて、生きている人はあの世のことをなかなか知覚しづらかった。

このベールのおかげで、死後世界は永遠の謎となっていたわけである。それが死の恐怖を生み出し、あらゆる恐れ、不安、心配の元になっていた。

それが今、死後世界にも光が注ぎ込んできて、薄明かりがともり出した。そのため、濃いベールが徐々に薄れて、今までまったく見通せなかったのが、少し見通しが良くなってきている。

これは生きている人にあの世が知覚しやすくなってきていることを意味している。

これまで人は、死んで向こうの世界へ行った人と一切コンタクトできなかった。ところが、これからは死んだ人とのコンタクトが徐々にできるようになってくる。初めは夢の中でのコンタクトという形をとる。

おそらくこういう変化は子どもから始まるだろう。今でも小さな子は死んだ人が見えたりする。世間の常識に染まっていないからだ。それが成長するにつれ、徐々に知覚が狭められてしまう。

これからは知覚が広がったままの子供が増えていくだろう。それにはアニメやゲームの影響も大きい。

そして、そういう人の数があるしきい値を超えると、一挙にみなができるようになる。

人は死後に生き続けることが明らかになり、死の恐れもなくなってしまうだろう。ただ、こういった大きな変化が起こるのはだいぶ先のことになる。

この流れの一環として、あの世との通信を可能とする装置が近々実現するかもしれない。死んだ人が何らかの方法でこの世に送ったメッセージを、物理的な信号として受け取る装置である。

だいぶ前のことになるが、テレビのチャンネルがガチャガチャと回すタイプだったころ、と言っても今の若い人たちは何のことやらさっぱりわからないかもしれない。たぶん、80年代にはそういう型のテレビはなくなったので、「チャンネルを回す」という表現自体、40歳以下の人には理解されないらしい。

ともかくそういう古い時代の話だが、使われていないチャンネルにダイヤルを合わせると（この表現自体わからないかも）、画面は白黒のビジビジしたノイズだけになった。音もザーというノイズになった。

余談になるが、このノイズの何割かは宇宙背景放射と言って、ビッグバンのときに放射されたエネルギーのなごりである。

要するにノイズだらけの画面になる。そこを使ってあの世からメッセージが送られてくるという話があった。熱心に実験していた人たちもいた。

今年（２０１４年）の８月にブルース・モーエンとコラボセミナーを開催したのだが、そのときにブルースが言っていた。あの世との通信を可能とする電気的な装置を数か月以内に公表すると。

彼が何年も前からその研究をしていたことは知っていたが、実用化までこぎつけたとは知らなかった。どういう装置なのか、その詳細は明らかになっていないが、楽しみだ。

第2章　進化の先駆け

臨死体験者の何割かは、体験後、物の見方がポジティブなほうへ大きく変わったと報告している。そういう人には光を体験した人が多く、光の経験が深ければ深いほど変化の程度も甚だしいという報告もある。

ケネス・リングはそういったポジティブな変化について14項目を挙げている。そのいくつかを列挙すると、

・自己受容（ありのままの自分を受け入れられるようになる）
・他者への気遣い（他者への思いやりが増大する）
・反競争主義（社会的な成功のための競争への関心が弱まる）
・反物質主義（物質的な報酬への興味が薄れる）
・死の恐怖の克服
・サイキック現象（ヒーリング、予知、テレパシー、透視などの体験を数多くするようになる）

ケネス・リングは、こういう変容を遂げた臨死体験者は人類進化の先駆けになっているとする。

◆アニータ・ムアジャーニの臨死体験

そういった人の具体例をひとつ紹介したい。それはアニータ・ムアジャーニである。

彼女は自らの臨死体験を『喜びから人生を生きる』（ナチュラルスピリット）に書き記している。

ここで彼女を取り上げるのは、彼女が蘇生した後、1週間もしないうちに全身のがんがすべて消えてしまったという、常識からは考えられない体験をしているからだ。しかもその事実をサポートする詳細な医学的データもきちんと残されていて、学者が反論する余地がまったくないのだ。

以下、彼女の臨死体験とその際に得られた気づきについてまとめてみたい。

＊＊＊＊＊＊＊＊＊＊＊＊＊＊＊＊

4年に及ぶがんとの闘いの末、アニータは2006年2月2日に昏睡状態に陥った。そして、肉体から自由になったことに気づく。

自分が拡大していき、自分とすべてのものが一つになった。家族の様子や思いが自分のこととしてわかる。すべては完璧で、壮大な計画通りになっていると実感する。

さらに外へと広がる。もはや空間や時間の拘束はなく、より大きな意識と一つになっていくようだった。身体を持っていたときには体験したことのない、自由や解放感があった。

向こう側の世界に入っていき、拡大しながらすべての人やものと一つになるにつれ、愛する人たちや周囲の状況への愛着が消えていった。その間、無条件の愛としか表現できないものに包まれる。無条件の愛という言葉では十分に表せるものではない。

身体的にどこか別の場所に行ったというよりも、むしろ目覚めたような感覚だった。彼女の魂は、身体や物質世界を越えて遠くへと広がっていき、この世の存在だけでなく、時間や空間を超えた別の領域までも広がり、同時にその一部になった。

そして大きな愛に包まれた。これほど完全で、純粋な、無条件の愛は、これまでまったく知らなかったものだ。何の資格も要求されず、何の判断もされず、この愛を得るために何もする必要がなく、何の証明もしなくてよかった。

その世界では、時間も違うものに感じられた。すべての瞬間を同時に感じていた。つまり、過去、現在、未来の自分が関係するあらゆることを、同時に認識していた。いくつかの人生が同時に繰り広げられているのを感じた。

物質世界では五感の制限により、時間の一つの点に集中させられ、これらを一列につなげて直線的現実を創り上げているように思えた。

自分ががんになった理由がわかった。そもそも自分がどうしてこの世に生まれたのか理解できた。自分の真の目的について悟った。

真の目的は本当の自分を表現すること。

自分はとても大きく、強力で、すべてを包み込んでいるような感じだ。自分の純粋な本質は永遠の存在で、身体よりもはるかに大きく、強烈で、包括的だ。拡大した偉大な本質が本当の自分。こう知ったとき、自分は変容した。

これまでは自分に厳しかった。自分を責めてばかりいた。

ところが、真実は、自分は存在するだけで愛される価値がある。何か特別なことをする必要はないのだ。

それまでは、愛されるためには努力する必要があると思っていた。

私たち全員がつながっていることにも気がついた。人間や生物の範囲を超えて、すべての人間、動物、植物、昆虫、山、海、生命のないもの、そして宇宙全体まで含んでいる。宇宙は生きていて、意識で満たされている。私たちはみんな、その統合体の一つの側面。

自分のがんは、自分が抱いていた多くの恐れと自分の持つ偉大な力が、この病気として現れてきたものだと悟った。自分が何か間違ったことをしたことへの罰ではない。自分の行動に対するネガティブなカルマでもない。

あるところまで来ると亡くなった父に、「おまえが来れるのはここまでだ。これ以上進んだら、もう戻れなくなる」と言われる。

目の前にエネルギーレベルの違いによって区分された、見えない境界線があるのがわかった。

がんに侵された身体には戻りたくないので、向こうに行こうと思うが、身体は自分の内側の状態を反映したものにすぎないと悟る。内なる自己が、その偉大さと大いなるものとのつながりを理解したので、自分の身体はすぐにそのことを反映し、病気は急速に（2、3日で）治ると気づく。

さらに、自分にはまだ実現していない目的があるような感じがした。それは何千人、何万人もの人たちを手助けすることに関係している。ただ、自分がすべきことを探す必要はなく、自然に目の前に現れてくると知った。そのために必要なのは、ありのままの自分でいることだけだ。

単に自分の本当の姿である愛でいれば、自分も他人も癒せるとわかった。人生の唯一の目的は、本当の自分でいて、自分の真実を生き、愛であること。彼女は戻る決心をして、蘇生する。その後、がんは数日のうちにすべて消え去ってしまった。

アニータいわく、「私のがんが治ったのは、心の状態や信念が変わったことよりも、自分の真の魂が輝き始めたおかげだとはっきり言いたいと思います。多くの人から、プラス思考のおかげで治ったのかと尋ねられましたが、そうではありません。臨死体験の最中に私がおかれていた状況は、心の持ち様をはるかに超えたものでした。私のがんが治ったのは、自分の有害な思考が完全に消えてなくなったからです」

臨死体験後のアニータは、「恐れではなく、喜びから人生を生きている」とのことだ。これが臨死体験の前後で一番大きな違いだと言う。

彼女は臨死中に体験した本当の自分を〝無限の自己〟と呼ぶ。これは無限で、強力で、壊れたり傷ついたりすることのない完全な存在である。宇宙エネルギーと一つであり、宇宙エネルギーそのものである。宇宙と自分が一つで同じものであると理解したことが、病気を治した。自分から分離した外部の創造物など存在しないと気づいた。

こう気づけなくしているのは思考、特に自分を制限するような思い込みである。

＊＊＊＊＊＊＊＊＊＊＊＊＊＊＊＊＊＊＊

アニータの臨死体験について詳しく引用したのは、ケネス・リングが主張しているように、こういった人たちは人類進化の先駆けとしての役割を担っているのではないかと考えるからだ。

臨死体験後の彼女は、人類の次の段階を示している可能性がある。つまり、第4密度と呼ばれる段階である。

また、彼女がそういう大きな変貌を遂げた際の体験内容も、人類が進化する（つまり第4密度へ上がる）方法についてヒントを与えてくれる。

臨死体験後のアニータ・ムアジャーニは第4密度の存在なのか？

第3密度と第4密度を比較した表（p185）を見ていただきたい。この中の第4密度の特徴として挙げている事柄は、おおむね臨死体験後のアニータの状態と一致していると思う。

特に彼女が「恐れからではなく喜びから生きている」と言ってる点は、第4密度とよく一致する。

宇宙エネルギー、あるいは宇宙と一つになったとする点も、大いなるすべてが生命エネルギーの源であることから、同じことを言っていると考えられる。

このように彼女は第4密度の多くの特徴を持っていると思われる。ただ、肉体は第4密度の物質からできているわけでは決してない。

彼女の本の出版元であるナチュラルスピリットのご厚意により、今年（2014年）8月30日に開かれた彼女の講演会に参加させていただいた。彼女はとても美しい方で、内面の優しさがまわりの空間へ染み出ている感じがあった。ギラギラするようなパワーというものとはまったく正反対の、とても落ち着いた優しさだった。

普通にマイクを持って話されていたので、肉体的には第4密度の物質からできているわけではないと思う。そういう意味では完全な形での第4密度の生命体ではない。

推測だが、第4密度の精神を持って、第3密度の肉体を持ち、第3密度の世界に生きるということはかなりしんどいことなのかもしれない。すべての外界からの刺激は第3密度的な発想を彼女に強要するはずだ。そんな中、ともすれば第4密度的な発想を忘れがちになるのではないだろうか。

そんなときに彼女は自分が宇宙の中心にいることを思い出すようにしているとのことだ。そうすれば、無限の存在である本来の自分を取り戻せると。

彼女のような人が臨死体験者にある程度の頻度でいるということはなぜなのだろうか。

ケネス・リングは、彼らは人類進化の先駆けなのだと主張しているが、私も同感だ。

彼らは、私たちの進む方向を示してくれているのだと思う。人はこういうふうになれるんだということを、また未来社会はこういう人たちが暮らす世界なのだということを見せてくれているのだと思う。

私たちの持つ常識は非常に強固で、それを変えるには大きなエネルギーが必要だ。常識とは、多くの人が同じ信念を持っているということで、それを支える巨大なエネルギーが存在するわけである。

それを変えていくには、常識に反する事例をこれでもか、これでもかと見せつけるしかない。

その役割の一端を担っているのが、アニータのような人たちではないだろうか。

第3章　個々人の進化

人類が第3密度から第4密度に上がっていくのだが、それは各個人がそれぞれ第3密度から第4密度へ上がることを意味している。

何もしないでボーっとしているうちに、いつの間にか上がるわけではない。各人がそれなりのプロセスを意図的に経る必要がある。

生きている間にさまざまな気づきを得て振動数が上がっていく人もいる。その一方で、生きている間ではなく死後に特殊なプロセスを経ることで第4密度へ上がる人もいる。

振動数を上げるプロセス

それでは各人はどのようにして振動数を上げて、第4密度へ移行するのだろうか。

それには振動数を下げる原因となっているさまざまな因子を取り除くことが必要だ。

そういう因子とは何かと言うと、第3密度的の地球で生きてきたことで身に付いた信念、考え方、価値観、恐れなどである。またはそういう因子を持つ原因となった体験の場合もある。体験はこの世の体験のこともあるし、過去世での体験のこともある。

具体的な例で説明したほうがわかりやすいだろう。

私たちの持つ信念の中で根強いものに、「死は恐ろしい」、「死んだら終わりだ」というものがある。あるいはその派生形として、「人を蹴落としても生き抜かないといけない」というのもある。

こういった信念は、地球を弱肉強食の世界だとみなし、その中で生き残るために身に付いたものである。

実は魂という観点から見れば、私たちは肉体が滅んでもけっして死ぬことはない。永遠の存在である。だから、この観点から言えば、誤った信念となる。ところが、そういう視点で物を見ることができない私たちは、この信念にがんじがらめに縛られている。

第3密度では、すべての発想の元に「恐れ」があると前に書いたが、その根本にあるのが、死の恐れである。

この信念からさまざまな信念が派生する。お金や物をたくさん持っていないといけないとか、健康でないといけない、人よりも力を持っていないといけない等。

それと同時にこの信念から諸々の不安、心配も生まれる。

ただ、こういう信念は第3密度の世界でのみ有効な信念であり、第4密度の世界とは相いれない。第4密度では、魂が永遠であることは自明の理となっている。それが真実だと誰もがわかっているのだ。

この信念は、第4密度に上がるために取り除かなければならない信念の一つである。死んでも終わりではないと確信することが必要だ。

第3密度の地球で生きてきたために身に付いた信念には他にもいくつもある。中には生まれ育っていく過程で、親から、あるいは学校や社会から教え込まれたものもある。それらは本来の自分が自分らしく輝くのを制限するものが多い。

たとえば、「私は能力が不十分だ」、「私は……が苦手だ」、「だから私はだめなんだ」などなど。

さらに、各人特有の体験に基づく信念も数多くある。

私の例を挙げて恐縮だが、私は母の胎内にいたときから、父を恐れていた。父が母に対して何かと怒っていたからだ。それは生まれた後も続いた。父に対する恐れは、世の中すべてに対する恐れになった。

このように人はみな数多くの第3密度的な信念を持っている。

それでは、こういった信念から自由になるにはどうすればいいのだろうか。

それは信念によって異なる。

私たちの根底にある「死は恐ろしい」、「死んだら終わりだ」という信念の場合は、「自分が肉体を超えて存在すること」、「死後も存続すること」を知ることで解消する。

ここで、知るという言葉だが、人の話しを聞いたり、本を読んで知るという意味ではない。自分の実体験を通して知るという意味である。

私の場合は体外離脱体験をしたことで、自分が肉体を超えて存在することを知った。肉体は容器のようなもので、自分は肉体とは独立に存在するのだとわかったのである。

自分が死後も存続することについて知るのには、いくつもの体験が必要だった。

自分自身の過去世を数多く知るという体験や、死後世界と輪廻の仕組みについて知るという体験。こういう体験を通して、自分が遥かな過去から存在し、死後も存続していくということを知った。

それと共に、死に対する恐れも次第に薄れていき、今ではまったくない。

それ以外の信念については、過去における何らかの体験が元になって形作られた場合が多い。今生、母の胎内にいるときから、生まれ育っていく過程での体験の場合もあるし、もっと前の過去世での体験の場合もある。

過去世の場合は、原因となった体験をした過去の自分が死後に「囚われの世界」にいる場合もある。そういう場合は、その自分を「囚われの世界」から救出し、「光あふれる世界」へ連れて行くことが必要だ。これを救出活動と呼ぶ。

さらに、「光あふれる世界」の「癒しと再生の場」で癒してあげることが必要なときもある。

私の場合は、これまでに何人もの過去世の自分を救出してきた。中には地球以外の星での過去世もあった。

今生での体験が原因となっている場合でも、その時の自分が「囚われの世界」にいることもある。それは自分の一部がそこにいるという意味である。

恥ずかしい体験や苦しい、つらい体験、悲しい体験などで無意識のうちに忘れてしまっているものもある。そういう場合に、そのときの自分が自分から切り離されて、「囚われの世界」にいることも多い。

そういう自分を救出し、癒すことで、それが原因となって身についた信念や怖れが消え去る。

今生での体験が原因になっている場合、ハートや喉など、その体験で詰まってしまった部位を癒してあげることで、それが解消することもある。

生命エネルギーを活用する

癒すにはどうするかというと、いろいろな方法があるが、生命エネルギー（無条件の愛）をその部位へ取り込むという方法がある。

生命エネルギーを取り込むやり方にも数多くあるが、私の好きな方法は以下である。
横になったり、椅子に座ったり、座禅のポーズで座ったりして、行なう。
①生命エネルギーの強い場を選ぶ。
②吸う息と共に頭のてっぺんから、足に裏から全身に生命エネルギーを吸い込んでくると想像する。
③吐く息と共に頭のてっぺんから、足の裏から、古くなったエネルギーを吐き出すと想像する。
④その際に、声（アー、オーというような母音）を出す。できるだけ長く息を吐く。
⑤以上を繰り返す。

生命エネルギーの強い場とは、自然の豊かなところや木々の多い公園、気が良いと思えるところなど。

世間でパワースポットと言われているところが必ずしもそうだとは限らないので、自分の感覚で判断したほうがいい。

へミシンクを使って死後世界に行ける人は「光あふれる世界」にはあちこちに水晶があり、高い振動数の生命エネルギーが得られるので、そこへ行って、このワークを行なうとより効果が出やすい。

このワークをする際に、エネルギーを意図的にハートや喉に集めるようにしてもいい。さらに、その部位が広がっていくように想像する。

私たちは救出活動やここに挙げたようなワークをすることで、生きているうちに振動数を高めていくことができる。

向こうの世界での加速プロセス

では、死んだ人たちはどうやって振動数を上げるのだろうか。

これまではほとんどの人は人として生まれ変わる道を選んでいたので、振動数を上げるプロセスへ進む人はあまりいなかった。それが今、多くの人は「光あふれる世界」に留まり、振動数を上げるプロセスへ進むようになった。

具体的な方法は各自まちまちのようである。それは持っている信念が異なるからと思われる。

「光あふれる世界」でヘルパーとして働く人もいる。彼らは人助けをしていく過程で気づきを得て、自身を制限するような信念から解放されていく。一つひとつ解放していくので、時間はかかるが、時間は気にしなくてもいいのかもしれない。向こうの世界のこと、時間はあるような、ないような状態なので。

同様にガイドと共に行動し、ガイド見習いとしてこの世の人を手助けをする人もいる。亡くなった知人のうちふたりは今このプロセスを行なっている。

特殊な施設で一挙に生命エネルギーを浴びて、信念を洗い出すというちょっとハードな道を選ぶ人もいる。ハードな理由はさまざまな信念が一挙に出てきて、精神的にきついからである。

ここで特殊な施設とはピラミッドや水晶のように生命エネルギーを集中できる施設である。「光あふれる世界」にはあちこちに巨大な水晶がある。「癒しと再生の場」にもある。

こういう施設を使わなくても、ガイドが大量の生命エネルギーを直接与えることで信念が解消する人もいる。

シルヴィアの卒業

その例を次に紹介しよう。ブルース・モーエンの『死後探索4　人類大進化の旅』（ハート出版）に出てくるシルヴィアという女性の話である。

この話については私の本で何回か紹介したので、ご存知の方もいらっしゃるかもしれない。長い話なので、以下にその要約を載せる。

＊＊＊＊＊＊＊＊＊＊＊＊＊＊＊＊＊＊＊＊

ブルース・モーエンは「囚われの世界」にいたシルヴィアを救出した。その後、しばらくしてヘルパーからシルヴィアが「光の存在」になったと告げられた。

「光の存在」とは地球生命系から卒業した存在である。無条件の愛に満たされていて、すべての行為を無条件の愛の心から行なう。

これにはブルースも驚かざるをえなかった。というのは、救出してからまだそんなに日数が経っていなかったことと、シルヴィアの娘のロザリーによると、シルヴィアは、最後までかなりひねくれたところのある女性だったからだ。ロザリーによれば、生きている間ずっと、シルヴィアには虐待的な行動があったという。

だからブルースは理解できなかった。そこでヘルパーに尋ねると、以下の情報が来た。

シルヴィアは死んだ後、自分が死んだことに気づかすにいた。そこへブルースが現れて、「あなたは既に死んでいる」みたいなことを単刀直入に言った。そのため彼女は、大きなショックを受けるが、それが功を奏して、彼女は自分の死を受け入れた。

彼女はキリスト教徒だったので、それならキリストが迎えに来るはずだと考えた。すると、どうだろう。光がこちらへやって来たのだ。

それは次第に彼女が教会でよく見慣れていたキリストの姿になった。もちろんヘルパーがキリストの姿を取っていたのだ。このヘルパーは「光の存在」だった。彼女はこのヘルパーといっしょに「光あふれる世界」へ行った。

彼女はしばらくの間、光と「無条件の愛」で満たされた場にいた。そこにはさっきのヘルパーもいっしょにいた。

しばらくたってから、ヘルパーは彼女に聞いた。キリストの愛をハートに受け入れたいかと。彼女はハイと答えた。そう答えるや否や、「無条件の愛」が文字通り彼女のハートに流れ込み始めた。

すると、本来ならば彼女をさまざまな「信念に基づく世界」へと導いていくべきエネルギー因子が、彼女の心の中に明らかに見えてきたのだ。つまり、いろいろな信念や価値観、囚われ、恐れなど、通常なら死後に彼女を「信念に基づく世界」のどこかへと導いていくはずのものが、見えてきた。

シルヴィアには虐待的な行動パターンがあったということだから、その元となった信念や考え方だけでなく、さらにその元になった体験と感情なども明らかに見えてきたものと思われる。

愛が彼女の認識能力を極限以上に押し広げていたので、それぞれの因子が何なのか、彼女は見ることができた。それぞれがどこから来たのか、どう彼女の振る舞いに影響していたか、まわりの人たちにどういう影響を与えていたのか、わかった。

これは彼女にとって簡単なプロセスではなかった。一つひとつの因子について、自身とまわりの人たちへの影響を実際に体験しなければならなかったからだ。

そして一つひとつの因子に対して、キリストの許しを受け入れ、彼女は自分自身を許すことができた。そうすることで、因子がひとつずつ消えていったのだ。その都度、彼女はより大きい愛を経験し表現できるようになっていった。

そしてついに、すべてのエネルギー因子を消し去ることができたばかりか、「無条件の愛」で完全に満たされ、「光の存在」になったのだ。

彼女にはもはや「無条件の愛」以外のエネルギー因子は残っていなかった。

すべての行為は「無条件の愛」の心から行なうようになった。

＊＊＊＊＊＊＊＊＊＊＊＊＊＊＊＊＊＊＊＊

まず、「光の存在」は第４密度かそれ以上と考えられる。

シルヴィアの体験とアニータ・ムアジャーニの体験は似ているが、異なる点もある。

まず類似点を挙げてみる。

両者ともに、完全で、純粋な、無条件の愛に包まれたこと。それがさまざまな気づきを与えてくれたこと。

それについて、アニータは本のｐ２２２に次のように書いている。

「臨死体験で経験した大きな解放によって、私は知性を手放し、それとともに、自己規制的な思い込みを取り除いて、宇宙エネルギーにすべてをゆだねることができました。私の思考が邪魔するのをやめた時、一気に水門が開いたのです」

また、ｐ２０８には次のようにも書いている。

「臨死体験は純粋な気づきの状態で、その時、これまで持っていた教えや信条は完全に消えていました。この状態が、私の身体の〝修復〟を許したのです。言い換えれば、私の癒しに必要なのは、信念を捨てることでした」

つまり、アニータの場合には、すべての信念が一挙に消えたということだ。その原因は純粋な気づきであり、それは無条件の愛に包まれたことでもたらされた。

これに対して、シルヴィアの場合には同じように無条件の愛に満たされていたが、エネルギー因子をひとつずつ取り除いていった。

推測するに、本当は一挙にできるのだが、本人が納得するスピードでやる必要があるのではないだろうか。これは非物質世界で一般的なことのようだ。

たとえば、「光あふれる世界」の「癒しと再生の場」にさまざまな癒しの施設があるのも同じ理由からだ。多くの人は、特定の方法が自分に効くと思い込んでいる。

病院に入って手術を受けないと治らないと思っている人が多いので、本当は一瞬で癒せるのだが、病院に入院して時間をかけて治す人が多い。

シルヴィアが時間をかけて一歩ずつ進んだのは、彼女がそれが自分に好ましいと思っていたからだろう。

アニータの場合は、そういう先入観がなかったから、一瞬で済んだに違いない。

私たちがこの道を進んでいく上で、二人の体験は示唆に富んでいる。

おそらくほとんどの人の場合は、シルヴィアが通ったプロセスを超スローダウンした形で一歩ずつ体験していくのだと思う。つまり、エネルギー因子をひとつずつ時間をかけて手放していく。そのためにさまざまなワークをしたり、日々の生活で気づきを得たりしていく。

ありがたいことに、今の時代、大量の生命エネルギーが地球へ入ってきている。それはシルヴィアやアニータが体験した無条件の愛と基本的に同じものだ。

だから、それを意図して体内に取り込むワークをすれば、プロセスはより加速した形で進むだろう。

第4章　次の生の選択肢

これまでは、次にまた人として生まれるという選択をする人が多かった。

ただ、これからはそういう選択をする人は少なくなるだろう。

というのは、地球自体が第3密度から第4密度へ移行中だということがある。この流れに乗って地球と共に上がっていこうと考える人は、人として地球に生まれるという選択肢もある。

ただ、おそらく多くの人はより速く第4密度に上がる方法を選ぶと思われる。

その方法についてはすでにお話ししたとおりだ。

そういう方法で第4密度へ上がった人たちは次の生として、地球以外の第4密度の生命系のある星を選ぶ。宇宙には実にたくさんの星があり、惑星を伴った星も無数にある。それぞれがバラエティに富んだ生命系を形作っている。

そういう中には第4密度の生命系も多数ある。太陽系の近傍ではシリウスやプレアデス星団など多くの星にそういう生命系がある。

地球自体がそのうち第4密度の生命系になるので、いずれは地球での生を選択することもできるようになる。

また、中には第3密度をもっと体験したいという人もいる。これまで地球で人として何度か輪廻したが、まだ足りないと感じる人たちだ。そういう人たちは地球以外の星へ行くことになる。第3密度の体験ができる星が無数にある。

少し余談になるが、私たちはみな地球へ来る前に数多くの星や別次元で実にさまざまな生命を経験してきている。地球はひとつの学びの場であり、そこでの学びを終えると次の生命系へとみな移っていく。そういう経験を積み重ねて、みな進化していくのである。

第4密度の星

それでは第4密度の社会はどういうものなのだろうか。その特徴を簡単にお話ししよう。詳しくは拙著『激動の時代を生きる英知』をご覧いただければと思う。

まず、第4密度の人たちは前の表に書かれた、「喜びが発想の元にある」というような特徴を持っている。そのため、社会としては次のような特徴を持つ。

◆所有しない

第3密度の社会では将来に対する不安があるので、何でもかんでも必要以上に所有したいという思いが強い。お金や家、土地、財産などを持つのも同じ考えからだ。

それに対して、第4密度の社会では常に満たされていて、安心していて、不安がないので、所有するということに意味を感じない。所有することで不安を解消しようという思いがそもそもない。所有することはかえって束縛を生むので、むしろ避けたいと思う。自由が最高の価値である。

社会全体で共有しているものを必要なときに一時的に借りて使う、あるいは消費する。こういうことが可能な社会システムになっている。

◆等価値制度

リサ・ロイヤルの『アセンションの道しるべ』（ネオデルフィ）という本に

紹介されているのだが、プレアデス星団の一つの星で行なわれている制度に等価値制度というのがある。

これは、みなが自分のできるサービスを必要とされるだけ無償で提供することで成り立つ経済システムとのことだ。みなは必要なものを必要なときに必要なだけもらう。その代わりに、自分ができるサービスを求められたら、それを必要とされるだけ喜んで提供する。お金はもちろん不要だ。

この制度は第４密度の社会では一般的なようだ。

プレアデス星団の中のアルシオネ

それでは第４密度の星では人々はどういう生活を日々送っているのだろうか。

私のガイドの一人にサディーナという女性がいる。彼女は第４密度の星の住人だ。具体的に言うと、プレアデス星団の中の一番明るい星アルシオネのひとつの惑星にいる。

実は彼女は私の未来世なのだ。そうわかるのは、彼女と交信したことが何度もあるからだ。

未来の自分と交信するというのはちょっと変に聞こえるが、この世界では別段おかしなことでもないらしい。

というのは、大きな私は時間を超えた存在として、同時並列的にいくつもの生命系で体験しているのだ。そのひとりが今地球にいて本を書いている自分である。別の自分は未来のアルシオネで生きている。

以下に、サディーナとの交信記録を一部載せる。これを読むと、第4密度のこの星の住人の様子をうかがい知ることができる。

「どういう仕事を日々しているのですか?」

「多くの人は創造性を発揮する活動を行なっています。ここではみなワクワクしながら創造的なことを行なっています。地球における音楽や絵画のような芸術もその一部です。新しい食べ物を作り出すこともそのひとつです。

ここでは宇宙のさまざまな領域へアクセスできるので、常に新しい情報を得ては、これまでになかった物を生み出すことができます。服装やファッションも創造性を発揮する領域のひとつです。

私たちは美も追及しています。それは顔かたちや体型といった内面性を表現するものにおいてもそうです。

心配や悩みはありません。みな生き生きとして、ワクワクしながら生きています」

「新しいものを生み出そうとして行き詰ったり、フラストレーションがたまったりしないのですか?」

「生み出そうとする過程はワクワク感が最高になるときです。フラストレーションを感じることはありません。みなうまく行くことを知っているので、何も焦ることはないのです。すべての瞬間を楽しんでいます」

第4密度の一つの社会の様子を垣間見ることができただろうか。

私が本書の最後に第4密度の星について書いたのは、これが多くの人にとって次の生を体験する星となる可能性が高いからである。

そう聞くと、がぜん興味を持たれただろうか。

もちろん、その前に振動数を第3密度のレベルから第4密度のレベルへ上げるプロセスが必要ではある。それを生きているうちにやるのか、死んでからにするのかは各自に任されている。

おわりに

今の時代に生まれた多くの人は、この激動の時代を選んで生まれてきている。アセンションの大きな激流にもまれることで、自分の持つ強固な信念を手放すきっかけにしようと思って生まれたのかもしれない。

あるいは、その流れをアシストしながら、自らも気づきを得ようと思って来たのかもしれない。

あるいは、自分が何らかの形で犠牲になることよって、愛する人に気づく機会を与えようと思って来たのかもしれない。

人それぞれさまざまな思いがあって今の時期に生まれてきている。いずれにせよ、今のアセンションの時期を使うことで意識の向上を図ろうという意図を持っているのは間違いない。

ということは、ほとんどの人はかなり意識の高い人ということになる。

一見それほど高くないように見える人でも、そのトータルセルフ（大きな自分）が必要としている最後のピースを体験するためということもある。

『あの世はある！』に書いたが、ある女性は今回うつ病を病んだ末に自殺した。死後に彼女のトータルセルフにコンタクトすると、彼女のトータルセルフが女神となっていく上で、うつ病体験がどうしても必要な最後のピースだったとのことだった。

それを達成するために彼女はうつ病になったのだ。これで彼女のトータルセルフはうつ病の人の気持ちを心から理解でき、そういった人たちを手助けすることができるようになるわけだ。

ということで、今生きている多くの人にとって、今回の人生が第3密度の星での最後の人生ということも大いにありうることだ。

そういうことを考えると、死んだ先はけっして暗くないどころか、明るく輝いているのである。

ボン・ヴォヤージュ（良い旅を）！

著者紹介／**坂本政道** さかもとまさみち

モンロー研究所公認レジデンシャル・ファシリテーター

（株）アクアヴィジョン・アカデミー代表取締役

1954年生まれ。東京大学理学部物理学科卒、カナダトロント大学電子工学科修士課程修了。
1977年～87年、ソニー（株）にて半導体素子の開発に従事。
1987年～2000年、米国カリフォルニア州にある光通信用半導体素子メーカーＳＤＬ社にて半導体レーザーの開発に従事。2000年、変性意識状態の研究に専心するために退社。2005年２月（株）アクアヴィジョン・アカデミーを設立。
著書に「体外離脱体験」（幻冬舎文庫）、「死後体験シリーズⅠ～Ⅳ」「絵で見る死後体験」「2012年目覚めよ地球人」「分裂する未来」「アセンションの鍵」「坂本政道ピラミッド体験」「スーパーラブ」「あなたもバシャールと交信できる」「坂本政道　ブルース・モーエンに聞く」「東日本大震災とアセンション」「激動の時代を生きる英知」「ベールを脱いだ日本古代史」「古代史２　伊勢神宮に秘められた謎」「古代史３　出雲王朝の隠された秘密」「あの世はある！」（以上ハート出版）、「超意識 あなたの願いを叶える力」（ダイヤモンド社）、「人は、はるか銀河を越えて」（講談社インターナショナル）、「体外離脱と死後体験の謎」（学研）、「楽園実現か天変地異か」「屋久島でヘミシンク」「地球のハートチャクラにつながる」（アメーバブックス新社）、「マンガ死後世界ガイド」「５次元世界の衝撃」「死ぬことが怖くなくなるたったひとつの方法」（徳間書店）、「バシャール×坂本政道」（VOICE）、「宇宙のニューバイブレーション」「地球の『超』歩き方」（ヒカルランド）などがある。
最新情報については、
著者のブログ「MAS日記」（http://www.aqu-aca.com/masblog/）と
アクアヴィジョン・アカデミーのウェブサイト（http://www.aqu-aca.com）に常時アップ

明るい死後世界 従来の「あの世」観は間違っていた！

平成26年11月29日 第１刷発行

著者　坂本政道
発行者　日高裕明
発行　ハート出版

〒171-0014 東京都豊島区池袋３-９-23
TEL 03-3590-6077 FAX 03-3590-6078
ハート出版ホームページ http://www.810.co.jp

ISBN978-4-89295-988-2　編集担当／藤川 印刷／大日本印刷

坂本政道の本

アセンションの鍵
2012年とアセンションの大きな誤解。バシャールとの交信が真実を明らかにする。
本体1500円

ピラミッド体験
バシャールが教えたピラミッド実験で古代の叡智が暴かれる!!
本体1800円

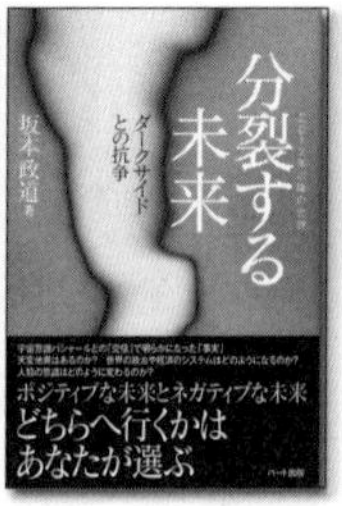

分裂する未来
バシャールとの「交信」で明らかになった「事実」。ポジティブとネガティブ、未来を選ぶのはあなた。
本体1500円

2012年目覚めよ地球人
2012年は一大チャンスだ。人類は「輪廻」から卒業する。
本体1500円

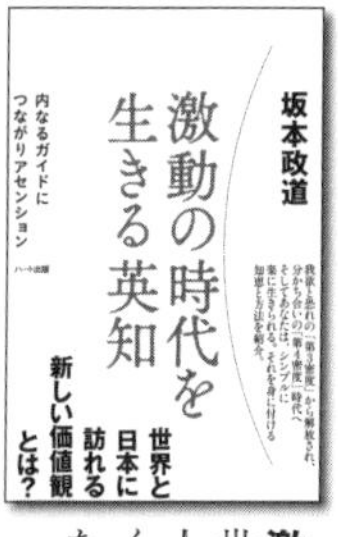

激動の時代を生きる英知
世界規模の激しい変化。人類がこれからを生き抜くために必要な英知を内なる高次意識に聞く。
本体1400円

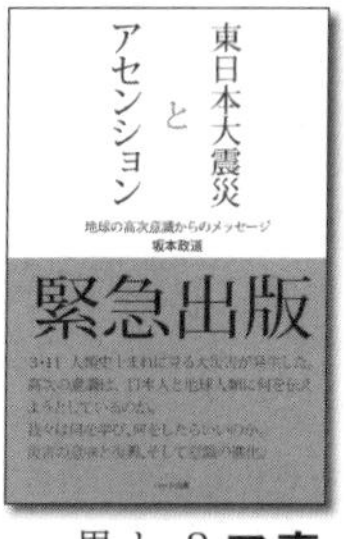

東日本大震災とアセンション
3・11の意味とは? そしてこれからの日本と世界は……
本体1300円

死後体験
日本人ハイテクエンジニアによる驚異の体験報告。シリーズは4まで。
本体1500円

2012人類大転換
我々はどこから来たのか? 死後世界から宇宙までの数々の謎が解き明かされる。「死後体験」シリーズ4。
本体1500円